Stefanie Kempe

Das Tempo der Seele ist Schrittgeschwindigkeit

Bibliografische Information der Deutschen Nationalbibliothek:
Die Deutsche Nationalbibliothek verzeichnet diese Publikation in der
Deutschen Nationalbibliografie; detaillierte bibliografische Daten sind im
Internet über http://dnb.dnb.de abrufbar.

2. Auflage

Herstellung und Verlag: BoD – Books on Demand, Norderstedt

ISBN: 978-3-7543-0222-4

Für Papa, der dieses Buch aus dem Himmel liest.

Für Mama und ihre Tapferkeit.

Für Sebastian, ohne den diese Geschichte gar nicht erst hätte entstehen können.

VORWORT

Wenn man mit dem Auto 500 Kilometer bei ca. 100 km/h über die Autobahn fährt, benötigt man ungefähr 5 Stunden, um das Ziel zu erreichen. Kennst du dieses Empfinden, dass du anschließend an dem Ort deiner Wahl angekommen bist, aber trotzdem das Gefühl hast, noch nicht wirklich da zu sein? Das liegt schlicht und ergreifend daran, dass deine Seele dir in diesem Moment noch ein paar Hundert Kilometer hinterherhinkt. In dem Moment, wo unser physischer Körper das Ziel schon längst erreicht hat, hängt unserer Seele nämlich noch die Zunge aus dem Hals.

Denn das Tempo der Seele ist Schrittgeschwindigkeit.

Wenn die ungefähre Schrittgeschwindigkeit also bei 5 km/h liegt, wird deine Seele im Vergleich zu deinem Körper ganze 100 Stunden benötigen, um wieder in deinem Körper anzukommen. Das sind satte 4 Tage. Woran du nun aber erkennen kannst, dass meine Theorie stimmt? In den kommenden Stunden nach deiner Ankunft wirst du mit deinen Gedanken häufig noch in den Erinnerungen der vergangenen Tage festhängen und Probleme haben, das hier und jetzt zu genießen.

Dieses Phänomen begleitet mich regelmäßig seit meinem Umzug nach Mecklenburg-Vorpommern im Jahr 2014. Seitdem fahre ich einmal im Monat von Waren an der Müritz nach Hamm in Westfalen und spüre jedes Mal aufs Neue, dass mir die Geschwindigkeit, mit der ich über die

Autobahn fliege, nicht sonderlich gut bekommt. Bin ich erst einmal zu Hause angekommen, habe ich das Gefühl nicht ich selbst zu sein und noch die Maske zu tragen, die ich in meinem Job jeden Tag aufs Neue aufgesetzt habe. Umso mehr faszinierte mich das Gefühl des Wanderns vom ersten Schritt an.

Wenn du wirklich nur in Schrittgeschwindigkeit unterwegs bist, kannst du vor niemandem mehr davonlaufen. Auch nicht vor dir selbst. Denn dadurch, dass wir immer häufiger durch unser Leben hetzen, überhören wir nur zu gerne die feine Stimme des Herzens und unserer Seele, die uns die Wahrheit zuflüstern möchte.

- Dass wir mal eine Pause machen sollen.
- Dass wir niemandem anderen gefallen müssen, außer uns selbst.
- Dass Geld nicht alles ist im Leben.
- Dass wir unserem Partner mal wieder ein Lächeln schenken sollten.
- Dass wir öfter liebevoll zueinander sagen sollten "Ich liebe dich, danke, dass es dich gibt".
- Dass wir viel zu selten innehalten, um den Moment zu genießen.

All diese Sätze überhören wir. Weil wir durch unser Leben hetzen. Auf der Wanderung durch den wunderschönen Harz wollte ich häufig schneller gehen und mein Tempo anziehen, um mich der Wahrheit nicht stellen zu müssen. Doch am Ende war ich stolz darauf, mich dem Tempo des Lebens und meiner inneren Stimme angepasst zu haben.

Denn unsere Seele ist unser Leben.
Und das Tempo der Seele ist Schrittgeschwindigkeit.

PROLOG

Die Kunst ein erfülltes Leben zu führen ist verbunden mit der Kunst
des Lassens:

" Zulassen – Weglassen – Loslassen"

Der erste Schritt ist bekanntlich der Schwerste. Mich hinzusetzen und anzufangen meine Geschichte aufzuschreiben hat mich zwar nicht unbedingt viel Überwindung aber eine lange Zeit der Entscheidungsfindung gekostet. Somit war es der kleine Teufel, der schon eine ganze Weile auf meiner rechten Schulter saß und mir immer wieder ins Ohr flüsterte: "Wer interessiert sich schon für deine Geschichte? Was meinst DU schon, anderen Menschen beibringen zu können? Das ist doch viel zu privat, damit kann doch kein Mensch was anfangen".

Kennst du ihn auch? Deinen inneren Kritiker? Es fehlte mir nicht an der Idee oder der nötigen Zeit. Nicht selten kamen mir folgende Gedanken in den Sinn: „Das schreibe ich auf. Ich wünsche mir, dass andere davon profitieren können. Dass ich sie mit meiner Erfahrung in der Sicherheit wiegen kann, dass sich zum richtigen Zeitpunkt im Leben alles zum Guten wenden wird".

Und spätestens an diesem Zeitpunkt klopfte wieder mein innerer Kritiker an die Tür. Aus diesem Grund habe ich in 10 von 10 Fällen meinen Worten keine Taten folgen lassen. Zu der Zeit, in der mir somit der Mut fehlte, meine Erinnerungen, Gedanken und Erfahrungen schwarz auf weiß festzuhalten, stillte ich mein Verlangen, indem ich entweder Sprachnachrichten aufgenommen oder Tagebucheinträge verfasst habe, von denen ich mir fest vorgenommen hatte, sie zumindest als Kurzgeschichte zu veröffentlichen.
Die Liebe zu den Büchern wurde mir schon früh mit in die Wiege gelegt. Ich kann mich noch gut daran erinnern, wie mein Papa jeden Abend im Wohnzimmer in seinem Sessel saß, die Beine in entspannter Position auf einem Gymnastikball abgelegt hatte und einen guten Roman in den Händen hielt. Schon kurz nach meiner Einschulung hatte ich damit angefangen ihm nachzueifern, Harry Potter und den Stein der Weisen zu lesen, auch wenn ich nur die Hälfte davon verstanden habe. Trotz dieser tiefen Verbundenheit zu der Welt der Geschichten, Bücher und damit

verbunden Abenteuer, habe ich mich selbst nicht dazu aufraffen können, zu schreiben. Des Öfteren gab es den Moment, in dem ich mich fragte:

"Wann habe ich meine Träume bloß aus den Augen verloren? Wann begann die Zeit, in der mir weiß gemacht wurde, dass ich nicht genug Zeit dafür hätte, um mir die Wünsche und Träume zu verwirklichen, für die mein Herz wirklich schlägt? Ist das nicht erschreckend? Woran scheiterte es? Wovor hatte ich Angst? Was hielt mich zurück?
Warum lassen wir Menschen uns von den einfachsten Dingen, die unser Herz höher und ruhiger schlagen lassen, abhalten? Welche Konditionierung hat dort in unserem Kopf stattgefunden?"

"Die totale Sicherheit findet der Mensch nur in sich selbst und nicht in einem Job oder einer Lebensversicherung.

Erreichen können wir die wahrhaftige Versicherung unseres Daseins lediglich durch das Leben im Hier und Jetzt "

Mit Sicherheit hat es viel damit zu tun, dass wir in unserer westlichen Welt gelernt haben, es gäbe keinen Platz mehr für Träumereien im Leben. Unsere leistungsorientierte Gesellschaft strotzt vor gutverdienenden, aber unglücklichen Menschen, die oft mehr als 16 Stunden am Tag arbeiten und anschließend viel Geld in Dinge investieren, die sie von der Tatsache ablenken, dass sie eigentlich überhaupt nicht glücklich sind. Des Weiteren kommt man nicht drum herum, sich mit den eigenen Schwächen und Schatten auseinanderzusetzen, wenn man darüber nachdenkt, gewisse Erfahrungen auf dem Papier festzuhalten oder einer anderen Leidenschaft nachzugehen.
Vielleicht hatte ich schon immer Angst davor, mich in die Arme meiner Vergangenheit fallen zu lassen, während ich meine Erfahrungen zu Papier bringe und mich der Erkenntnis stellen müsste, meine wahren Träume

niemals gelebt zu haben? Dass ich es vermeiden wollte, den gesamten Schmerz noch einmal aufzuwühlen, ihn wie eine Zwiebel Schicht für Schicht abzuschälen und ich mich mit der Option anzufreunden, dass alles eigentlich gar nicht so heiß gegessen wie gekocht wird? Ist es möglicherweise die Angst in uns, dass unser Leben nie wieder so sein wird wie bisher, wenn wir erkennen, was wirklich hinter unseren Ausreden und den jämmerlichen Wenns und Abers steckt?

Keinem Menschen fällt es leicht, Abschied zu nehmen und loszulassen. Dennoch habe ich in diesem Moment eine Entscheidung getroffen. Ich wollte nicht mehr länger warten. Ich habe lange genug an etwas festgehalten, dass mir die Luft zum Atmen genommen hat und es wird Zeit, mich von den Fesseln zu verabschieden, die ich mir selbst immer wieder enger um die Knöchel gelegt habe.

"Mit Festhalten kann man alles töten.
Es dauert nur seine Zeit"

Und wenn du jetzt dieses Buch in der Hand hältst, würde ich fast vermuten, dass es auch in deinem Leben etwas gibt, dass du loslassen möchtest. Dass du weißt, dass in deinem Leben noch so viel mehr auf dich wartet als das immer wiederkehrende Hamsterrad aus Aufstehen, Arbeit, Essen, Schlafen und der gähnenden Unzufriedenheit und Leere in deinem Herzen.

Wie häufig hast du dir schon das Versprechen gegeben, dir zuliebe etwas in deinem Leben zu ändern und es anschließend nicht in die Tat umgesetzt? So viele Momente habe ich verstreichen lassen, in denen ich mir selbst versprach: "Diese Geschichte bringst du auf Papier."

Heute weiß ich: Der einzig richtige Moment, ein bestimmtes Vorhaben in die Tat umzusetzen ist JETZT. Und auch wenn ich lange gezögert habe und meinem inneren Kritiker viel zu oft recht gegeben habe, wenn er zu mir sagte: "Du kannst das nicht", sitze ich jetzt hier und schreibe dieses Buch.

Ich glaube daran, dass auch du etwas hast, wofür es sich lohnt zu leben, anstatt nur zu überleben. Dass in dir ein Traum schlummert, der nur darauf wartet von dir erfüllt zu werden.

Aus diesem Grund möchte ich dir die Geschichte von einer jungen Frau erzählen, die sich für die Liebe selbst verloren hat. Die sich verloren hat, weil sie sich ihrer Träume nicht bewusst war und somit ein Leben gelebt hat, dass nicht ihr gehörte. Ich möchte mit meiner Geschichte Mut und Zuversicht schenken.

Die Zuversicht, daran zu glauben, dass alles, was uns in unserem Leben begegnet, einen Sinn ergibt, egal wie sehr es wehtut und ganz egal wie sehr wir es in diesem Moment verfluchen. Auch möchte ich dir den Mut mit auf den Weg geben, aus jedem Tag den Schönsten deines Lebens zu machen. Dir selbst dein bester Freund zu sein und daran zu glauben, dass sich alles in die für dich richtige Richtung entwickelt, wenn du es nur schaffst jeden Moment im Hier und Jetzt zu genießen.

Der Schlüssel liegt in der Gegenwart.

KAPITEL 1

"Ich fühlte ungebremst auf das Leben zu"

Von Tag zu Tag wurde es schlimmer. Der Rucksack, den ich mir jeden Tag aufs Neue auf die Schultern schnürte, füllte sich mit immer mehr Dingen, die ich 24 Stunden lang mit mir herumschleppen durfte. Zu dieser Zeit habe ich es noch nicht erkennen können. Aber heute sehe ich, dass ich mich selbst zu einem Opfer der damaligen Umstände gemacht habe.

Ich wurde zu 100 % in ein schwarzes Loch gezogen, mit dem ich eigentlich nichts hätte zu tun haben müssen. Es wird sich vielleicht klischeehaft anhören, aber ich dachte, ich hätte mit ihm DEN Mann fürs Leben gefunden.

Und ja - letztendlich war er in gewisser Weise auch genau das. Denn er sollte sich als die Person herausstellen, die mich mit voller Wucht zurück in MEIN Leben katapultieren würde.

Es schien zu schön, um wahr zu sein als wir uns im Jahr 2017 begegnet sind. In den darauffolgenden Tagen unseres Kennenlernens hatte ich das Gefühl, dass Ben nicht nur das Sprungbrett in ein neues Leben sein könnte, sondern auch der Auslöser für mich, den finalen Sprung aus der Unzufriedenheit heraus endlich zu wagen.

Wir lernten uns zu einem Zeitpunkt meines Lebens kennen, an dem ich für mich feststellen musste, dass es so wie bisher nicht mehr weitergehen konnte. Ich hing fest in einer beruflichen Spirale aus Unzufriedenheit, Zorn und Trauer.

Meine Maske, die ich jeden Tag aufs Neue aufsetzte, um dem Arbeitgeber zu gefallen, lag bildlich gesprochen griffbereit auf meinem Nachttischschränkchen, sodass ich morgens nach dem Aufwachen, ohne lang darüber nachzudenken in meine Rolle schlüpfen konnte. Ich war so überzeugt von diesem täglichen Schauspiel, dass es einem Wunder gleich kam wie mühelos ich mir selbst noch im Spiegel in die Augen schauen konnte.

"Bevor ich alle Farben sein konnte, musste ich erfahren, was es bedeutet, schwarz und weiß zu sein"

Die erste große Veränderung in meinem Leben fand statt, als ich 2014 Erfahrungen in der Clubhotelbranche auf Fuerteventura sammeln durfte. So fantastisch und neu alles für mich war, hatte ich dennoch nicht damit gerechnet, dass sie mich und mein eh schon missverstandenes Herz so dermaßen aus der Reserve locken würden. Trotz aller Höhen und Tiefen genoss ich die Zeit auf dieser wundervollen Insel.

Ein Jahr später, im Juli 2015 verabschiedete ich mich jedoch von meinen Freunden auf Fuerteventura und ging zurück nach Deutschland. Nachdem ich einige Wochen bei meinen Eltern wohnen konnte, um mich zu regenerieren, flatterte direkt das nächste Jobangebot für eine Stelle als Fitnesstrainerin im Clubhotel des gleichen Unternehmens in Mecklenburg-Vorpommern ein.

Ich nahm das Angebot an und befand mich wenige Tage später auf dem Weg an die wunderschöne Mecklenburgische Seenplatte. Es begann eine spannende und Lebensenergie raubende Zeit für mich. Als ich Anfang 2017, knapp 2 Jahre später, mit meinem Papa darüber gesprochen habe, dass ich jetzt auch noch die Karriereleiter in diesem Unternehmen hinaufklettern wollte, konnte er darüber nur verzweifelt den Kopf schütteln. Natürlich hatte mein Papa mich gewarnt.

Er wusste wie sensibel meine kleine Seele ist und dass ein Job als Abteilungsleitung nichts für schwache Nerven sein würde. Er kannte mich schließlich.

Trotz all der Versuche seinerseits mich in Sicherheit zu wiegen, hatte ich es dennoch wieder besser gewusst und musste das Kind erneut in den Brunnen fallen lassen, bevor ich ein knappes Jahr später verstanden hatte, was er mir mit seiner liebevollen Warnung mitteilen wollte. Zur damaligen Zeit waren mir Themen wie „Frieden schließen mit dem inneren Kind" oder „Selbstliebe und Selbstwert" zwar schon ein Begriff, aber rückblickend lässt sich sehr gut erkennen, dass ich am Ende des Tages von Tuten und Blasen keine Ahnung hatte. Kurz bevor ich also im Januar 2017 erfolgreich die Karriereleiter hinaufgeklettert bin und mit einem dicken Grinsen auf dem Gesicht von einem erfolgreich bestandenen Assessment

Center zurückkehrte, konnten meine Kollegen und Freunde nicht mehr nachvollziehen, was in mich gefahren war.

Nicht erst seit Beginn meines Arbeitsverhältnisses in der Hotelbranche war ich nörgelig und unzufrieden mit mir und der Welt. Ich bin mir nicht sicher, ob ich jemals wirklich freudestrahlend und mit dem Feuer im Herzen einen Lebensabschnitt genossen habe. Irgendetwas gab es für mich immer an der aktuellen Lebenssituation auszusetzen. Nicht ohne Grund hatte ich eines Tages den Spitznamen „Grumpy" erhalten.

Kurz nachdem ich jedoch Abteilungsleiterin des WellFit Bereichs im Clubhotel wurde, überspannte ich den Bogen. Von Tag zu Tag wurde meine Übellaunigkeit schlimmer und meine Kollegen gingen mir nicht selten in einem hohen Bogen aus dem Weg. Egal wie farbenfroh der Tag hätte werden können, ich war genervt. Ausnahmslos alles störte mich, trotz Sonnenschein war der Arbeitstag zu lang, die Musik auf der Showbühne zu laut, meine Mitarbeiter unfähig und zu wenig Geld hatte ich sowieso. Kurzum: Nichts und niemand konnte es mir recht machen.

"Setze nie ein Fragezeichen hinter Dinge, hinter die das Schicksal schon längst einen Punkt gemacht hat"

Hätte ich damals wirklich die Weisheit mit Löffeln gefressen, wie ich es immer von mir behauptet hatte, hätte ich erkannt, dass ich hier mit dem Spiegelgesetz par excellence konfrontiert werde.

Mein absolut unfähiges und unzufriedenes Umfeld hat mir lediglich meine eigene Unzufriedenheit widergespiegelt. Aber wie schon gesagt: Ich trug eine Maske. Vieles war mehr Schein als Sein und somit suchte ich nach meinem Glück und den Schuldigen an meiner Misere im Außen.

Mit Sicherheit lässt sich ein großer Teil meiner Empfindungen auf meine in der Kindheit gemachten Erfahrungen schiebe. Dennoch können wir hier immer nur einen Schlüssel finden. Die Kunst liegt jedoch darin, dass wir aufhören vor der falschen Tür zu stehen und uns schließlich trauen, den Schlüssel in das passende Schlüsselloch zu schieben. Im Nachhinein erkenne ich umso deutlicher, dass ich einfach „nur" auf der Suche nach Liebe war. Leider habe ich sie all die Jahre an der falschen Stelle gesucht. Denn als ich nach vielen wirklich armseligen und verzweifelten Versuchen in einer Vielzahl verschiedener männlicher Wesen den einen Mann fürs Leben zu finden die Hoffnung schlussendlich begraben hatte und nicht mehr daran dachte mich irgendwann noch einmal glücklich zu verlieben, konzentrierte ich mich wieder voll und ganz auf meinen Job als Abteilungsleiterin, mit einer für mich durchaus ungewöhnlich langanhaltenden Zufriedenheit.

Und immer dann, wenn man denkt, dass alles in die richtige Richtung läuft und das Leben endlich Fahrt aufnimmt, tritt jemand in dein Leben der von einem Tag auf den Nächsten alles verändern wird.

WENN ZWEI SEELEN SICH BEGEGNEN

"Die Welt macht Platz für den Menschen, der weiß wohin er geht"

Es war der 24. April 2017.

Schon als die ersten Sonnenstrahlen an diesem Morgen durch mein Zimmerfenster schimmerten wusste ich, dass ich einen tollen Tag vor mir hatte. An diesem Tag ging es um alles oder nichts, da ich und mein Team dafür verantwortlich waren, die alljährliche Fitnessveranstaltung mit über 150 Menschen in unserem Club zu organisieren. Da wir in solch einem Fall abteilungsübergreifend arbeiteten, um von jedem Mitarbeiter das beste Know How mit in die Verwirklichung der Veranstaltung integrieren zu können kümmerte sich Ben an diesem Tag, als gerade erst frisch eingestellter Mitarbeiter, um die Licht- und Tontechnik. Ich werde diesen Zeitpunkt nie vergessen.

Manchmal bin ich überrascht, wie fest verankert die Bilder und Erinnerungen an diesen Tag in meinem Kopf sind. In diesem Moment habe ich mich verliebt.

In den 2 Jahre unserer Beziehung hatte ich oft daran gezweifelt, ob ich diesen Mann wirklich lieben würde. Letztendlich glaube ich, dass ich damals noch gar nicht wissen konnte, wie sich Liebe wirklich anfühlt. Ich war zu dem Zeitpunkt unserer Begegnung schließlich nicht einmal dazu in der Lage, dem wichtigsten Menschen in meinem Leben Liebe zu schenken und diese auch bewusst zu fühlen: Mir selbst.

Erst wenn du lernst dich selbst zu lieben, kann auch jemand anderes wahre Liebe für dich empfinden

Heute weiß ich: Ich habe ihn geliebt. Vom ersten Moment an. Ich hatte einfach Angst. Doch für diese Erkenntnis benötigte es in meinem Fall tatsächlich eine Trennung. Vielleicht kennst du diesen Gedanken, welcher sich häufig erst Monate oder Jahre später bemerkbar macht:

Diese Trennung war das Beste, was mir passieren konnte.

Von dem besagten Tag unseres Kennenlernens an entwickelte sich alles um uns herum wie im Sturzflug. Meine emotionale Unsicherheit wurde zu seiner Sicherheit und in unseren Jobs spürten wir immer deutlicher, dass wir nicht mehr in das vorgefertigte Konzept passten. Das Ben auch noch eine wundervolle kleine Bordercollie Hündin namens Ronja und eine Oldtimer Feuerwehr mit in die Beziehung brachte, machte unser damaliges Leben zu einem perfekten Bild von einem, noch am Anfang stehenden, großen Abenteuer. Kurz zusammengefasst ließen wir quasi alles stehen und liegen, kündigten unsere Jobs, fanden eine neue Wohnung, bauten unsere Feuerwehr Broady zu einem Wohnmobil um, wohnten zum Übergang im Sommer bei meinen Eltern in NRW und fuhren dann los, um uns dem Leben hinzugeben.

Ein halbes Jahr von Stettin bis nach Emden, an der faszinierenden Ost - und Nordseeküste Deutschlands entlang. So gut wie alle Menschen in unserem Umfeld haben uns dafür bewundert. Für unseren Mut, die Entschlossenheit und unsere Abenteuerlust.

Wenn ich auf unsere gemeinsame Zeit zurückblicke, weiß ich, dass Ben die erste "Masteraufgabe" auf meinem Seelenweg sein sollte. Vom heutigen Standpunkt aus betrachtet, hätte ich damals das Leben meiner Träume führen können. Hätte ich aber die "Fehler" von damals nicht gemacht, wäre ich jetzt nicht an dem Punkt meine ganz persönliche Reise mit dir teilen zu können. Das Universum meinte es also wohl sehr gut mit mir, als es mir diese „Mann - Hund - Auto" Kombination mit Geschenkpapier umwickelt vor der Haustür meines Herzens abgestellt hat. Ohne Vorwarnung, dass ich hier eine Atombombe entgegennehme.

"Frag dich bei allen auf dich einstürmenden Sorgen und Problemen, was sie vom Stand der Ewigkeit aus betrachtet bedeuten würden"

Was ich damit genau meine?

Mit Ben bekam ich nicht nur das rosarote Reiseleben geschenkt, sondern wurde auch mit meinen tiefsten Urängsten und Schatten konfrontiert. Mit ihm kamen Komplikationen in mein Leben, die mir immer wieder meinen sicheren Boden unter den Füßen weggezogen haben. Und zu diesem Zeitpunkt war ich leider noch zu sehr in mir selbst gefangen, als dass ich diese Schatten mit Liebe und Dankbarkeit in meinem Leben hätte begrüßen können.

Was ich dir also in diesem Sinne mit auf den Weg geben möchte, ist Folgendes:

In einer Beziehung geht es nicht darum,

die Probleme des Partners auf dich zu

be – ziehen.

Wir können einen anderen Menschen genau so wenig aus seinem Sumpf retten, wie wir die eigene Verantwortung unserer Baustellen auf eine andere Person abwälzen können. Ich habe selbst immer wieder versucht ihm immer das Rettungsseil hinzuwerfen und habe im Gegenzug von ihm erwartet, die Verantwortung für mein Glück zu übernehmen. Weder er noch ich haben am Ende von einer Win Win Situation profitieren können.

∞∞∞∞

GLAUBENSSÄTZE WIE SCHWARZE LÖCHER

"Ich bin nicht das, was mir passiert, sondern das, was ich entscheide zu werden"

Doch auch, wenn es nicht wirklich leicht für mich gewesen ist, hatte das Ganze immerhin auch eine positive Auswirkung auf mein jetziges Leben: Im Nachhinein habe ich erkannt, dass ich durch seine „Ach das mache ich lieber morgen" - Einstellung eine wunderbare Möglichkeit geschenkt bekommen habe, mehr über mich selbst zu erfahren.

Viele versteckte Glaubenssätze wie z.B.

* "Das macht man doch so aber nicht"

* „Du musst dich doch sofort darum kümmern"

* „Dein Leben geht den Bach runter, wenn du dich nicht anpasst"

jagten mich jeden Tag aufs Neue durch unser gemeinsames Leben. Diese Dinge wurden mir natürlich immer nur dann bewusst, wenn es bei uns nicht gut lief.

In den vielen unbekümmerten Beziehungsmomenten habe ich leider nur wenig dazu gelernt. Ich bin stur und starrsinnig meinen Glaubenssätzen gefolgt, obwohl ich mir tief in meinem Innern immer wieder gewünscht hatte, ein kleines Stück seiner Leichtigkeit in mein Leben integrieren zu können. Somit zogen wir mit unserer mehr oder weniger turbulenten Beziehung ab Mitte Mai für vier Monate durchs Land und versuchten, uns die Welt schön zu malen. Dennoch rückte das Ende des Jahres näher und wir mussten der Tatsache ins Auge schauen, dass es langsam an der Zeit war, in ein normales Leben zurückzukehren und für eine Weile die Mietwohnung als unser neues Heim zu bezeichnen.

"Halte dich nicht fest an demjenigen der geht,

sonst wirst du denjenigen übersehen, der kommt"

Ende 2018 war nun also unsere Reisezeit vorbei. Wieder zurück in den noch wenig heimischen eigenen vier Wänden mussten wir zusehen, dass wir uns nicht nur so schnell wie möglich ein finanzielles Polster für die Verwirklichung unsere Traumreise im kommenden Jahr aufbauen, sondern auch unsere regulären Fixkosten gedeckt bekamen.

In dieser Phase war unser Zusammenleben jedoch alles andere als Friede, Freude, Eierkuchen, auch wenn ich geglaubt hatte, dass wir die schlimmsten Streitigkeiten auf der Reise schon miteinander ausgefochten hatten. Zurück in der Realität kam ich leider immer weniger mit seiner „Ich lebe in den Tag hinein" - Mentalität zurecht und versuchte sprichwörtlich mit Gewalt am Gras zu ziehen, damit es schneller wächst. Natürlich hat das nicht funktioniert und letztendlich für nur noch mehr Widerstand gesorgt, als eh schon in unserer Beziehung herrschte. Einfach darauf zu vertrauen, dass sich die Dinge schon in dem für sie richtigen Tempo entwickelten, kam mir damals absolut nicht in den Sinn. Beruflich stand für mich relativ schnell fest, dass ich in meinen altbekannten, wenn auch eher ungeliebten Job als Fitnesstrainerin zurückfinden würde.

Nach einem langen hin und her seinerseits entschied er sich jedoch dazu, ein sehr lukratives Jobangebot in seiner Branche als Veranstaltungstechniker abzulehnen und stattdessen in das selbstständige Gastronomiegewerbe einzusteigen.

Ich weiß noch, wie ich unter der Dusche stand und er mir nach dem Hundespaziergang die frohe Botschaft verkündete. Das Wasser prasselte lautlos auf mich hinab, mein Atem ging schnell und ich sah unseren Traum, im nächsten Jahr Skandinavien und Schottland zu bereisen in sich zusammenbrechen. Im Nachhinein betrachtet läuft mir ein Schauer über den Rücken, wenn ich erkenne, wie wenig Vertrauen ich diesem Mann beizeiten doch entgegengebracht habe.

"Wenn dein Gegenüber dich aufregt, schau doch einfach mal hin was genau sich dort in dir auf – regt"

Warum jedoch hat mich dieser Moment so aus den Socken gehauen? Ich glaube, ich hatte Angst. Ich vermute außerdem, dass das grundlegende Problem darin bestand, dass ich kaum Vertrauen in meine eigenen Fähigkeiten hatte etwas Neues zu wagen, anstatt in den alten Gewässern zu schwimmen. Außerdem gestehe ich mir mittlerweile ein, dass ich ihn ein Stück weit um seinen Mut bewundert habe.

Die Panik, dass ich mich wieder einmal aufs Neue aus Sicherheitsgründen in meinen alten Job begebe, obwohl ich ganz genau wusste, dass mich diese Arbeit nicht glücklich machen würde, überkam mich ganz unterbewusst und setzte sich in meinen Zellen fest.

Dieses Ereignis würde ich als den finalen Wendepunkt in unserer Beziehung kennzeichnen. Das Zusammenleben mit mir war noch nie leicht gewesen, ich habe viel gemeckert und genörgelt und hatte an allem, was er machte etwas auszusetzen. Doch mein Verhalten der letzten Monate war nichts im Vergleich zu dem, was ich anschließend aus Angst, Unsicherheit und Panik von diesem Zeitpunkt an den Tag legte. Es geschah in meinen Augen schleichend, aber dann Knall auf Fall mit Vollkaracho und ohne Vorwarnung. Ich konnte diesen Menschen einfach nicht mehr so akzeptieren, wie er war.

Das ich es auch in dieser Lebenssituation nicht akzeptieren konnte, wie er entschieden hatte sein Leben zu führen, führe ich darauf zurück, dass ich mich selbst nicht akzeptieren konnte, wie ich war. Ich habe mich innerlich dafür verflucht, dass ich mich wieder in einem Fitnessstudio knechten lassen wollte, obwohl schon damals alles in mir schrie, dass ich einen neuen Weg einschlagen muss. Ich habe mir so sehr gewünscht, auch einer Arbeit nachgehen zu können, zu der ich meinen Hund mitnehmen, bei der ich den ganzen Tag die frische Luft und die Sonne genießen und sogar mit Menschen zusammen sein konnte, die mein Leben bereichern.

„*Lass dein Herz ein Wegweiser sein*"

Um diese Einführung zu meiner Geschichte zu einem sauberen Abschluss zu bringen, ist mein Fazit nun Folgendes:

Ben musste mich verlassen.

Abgesehen davon, wollte ich die Beziehung auf diese Art und Weise schon seit mehreren Monaten nicht mehr führen. Und mit mir selbst habe ich es auch nicht mehr ausgehalten. Nicht nur, dass ich mir bei der Berufswahl nach unserer Reise wieder selbst in den Rücken gefallen bin. Ich habe mich vor allem zu einer Frau entwickelt, die ihm sein Glück nicht gegönnt hat. Ebenso hatte ich mir das Glück einer erfüllenden Beziehung immer wieder aufs Neue selbst manipuliert.

Heute erkenne ich: Ich hatte noch so viel zu lernen.

Wenn ich nun also meiner eigenen Theorie Glauben schenke, konnte er mich gar nicht mehr lieben, weil ich mich zu dieser Zeit selbst nicht geliebt hatte. Was sollte ich ihm schon noch wert sein, wenn ich mir selbst keinen Wert zusprechen konnte?

Auch wenn diese Erkenntnis zeitweise immer noch wehtut. Am Ende des Tages bin ich diesem Menschen so unfassbar dankbar dafür, dass wir den Weg gemeinsam gehen. Und ich spreche diesen Satz bewusst in der Gegenwartsform aus. Denn jeden Tag aufs Neue darf ich entweder aus den erinnerten Erfahrungen der letzten 2 1/2 Jahre oder aus dem, was er mir durch unsere Seelenverbindung täglich neu aufs Brot schmiert lernen. Wenn man diese schmerzhafte Erfahrung erst einmal versucht, mit dem Herzen zu fühlen und den gewohnten Gedanken des Egos beiseiteschiebt, wird man erkennen, dass sich vielleicht alles genau so entwickelt hat, wie es sich "ent"wickeln sollte. Und von Mal zu Mal wird dieser Prozess leichter.

"Wir sollten uns viel eher darum kümmern, die falschen Gedanken aus unserem Geist zu entfernen anstatt Tumore und Geschwüre aus dem Körper"

Apropos Leichtigkeit: Es lässt sich so viel leichter und liebevoller leben, wenn man erkannt hat, dass das Leben was wir im Außen wahrnehmen aus uns selbst heraus entsteht. Es gibt einem eine unfassbare Kraft zu erkennen, dass unser Universum, Schicksal, universelles Feld oder Gott (wie auch immer du es nennen magst), es nur gut mit uns meint. Das wir mit unseren Gedanken unsere Welt formen und wir immer genau das im Leben geschenkt bekommen, was in diesem Moment die passende Aufgabe für unseren aktuellen Entwicklungszustand darstellt.

Es ruckelt immer ein wenig, wenn das Leben in den nächsten Gang schaltet. Doch das, was mir in den folgenden Wochen passieren sollte, war kein einfaches Ruckeln mehr, sondern ein ohne Vorwarnung aktivierter Schleudersitz.

Nachdem Ben sich dazu entschieden hatte, ein Gastronomiegewerbe zu eröffnen, gab es kaum eine Nacht, in der ich keinen Streit vom Zaun brach, wenn er nach Hause kam. Gesetz des Falles, er kam in der Nacht überhaupt nach Hause. Nur in den absoluten Ausnahmefällen hatten wir noch eine liebevolle Geste füreinander übrig. Als wir uns einige Monate nach der Trennung über diese Zeit unterhielten, meinte er zu mir, er hätte durchaus gerne mehr von seinen Erlebnissen mit mir geteilt, aber meine Art und Weise zum Regulator zu werden und mich damit hinter meinen Ängsten und dem Gefühl des Verlassenseins zu verstecken, hat uns beiden keinen Spielraum mehr dafür gelassen, die Situationen mit Liebe zu heilen.

Doch was ging zu diesem Zeitpunkt in mir vor? Das Engelchen auf meiner rechten Schulter schlug wahrscheinlich vor lauter Verzweiflung die Hände über dem Kopf zusammen. Das Teufelchen stattdessen Purzelbäume.

EXKURS:

PSYCHISCHER MISSBRAUCH - GIBT ES SO ETWAS?

Bevor ich näher auf das Thema eingehe, möchte ich dir diese Frage direkt beantworten: Ja, es gibt ihn.

Aus meiner Sicht finde ich diese Form des Missbrauchs sogar ebenbürtig mit der physischen Alternative. Wenn wir unseren Alltag einmal genauer betrachten, wird dir auffallen, wie oft dir diese Form der geistig - mentalen Vergewaltigung in all ihren verschiedenen Facetten in deinem alltäglichen Leben begegnet.

Lasse ich die Erinnerungen an meine Erlebnisse Revue passieren, bleibt mir förmlich die Luft im Hals stecken. Es ist traurig zu beobachten, wie zwei sich eigentlich liebende Menschen einander gegenüber verhalten können, wenn sie sich ihre eigenen Ängste, Sorgen und Nöte nicht eingestehen können. Welche Worte sie benutzen, welche Blicke sie sich zuwerfen und welche Gedanken sie über den anderen hegen ist nicht nur verletzend. Die Art und Weise wie sich ein Blick in deine Erinnerung einbrennen kann, ist ähnlich schlimm wie eine Brandnarbe. Nur das diese, im Vergleich zu den seelischen Narben, im Laufe der Jahre heilen und unscheinbar auf deinem Körper verschwinden wird.

"Nur ein freiwilliges Herz schlägt stark"

Ich empfehle dir, dieses Kapitel mit einem einfachen Selbsttest zu beginnen. Übe dich in Achtsamkeit und versuche dich selbst für eine gewissen Zeit ganz genau dabei zu beobachten, unabhängig davon, ob du eine Beziehung führst oder nicht, wie häufig liebevolle Gedanken ihren Weg in dein Bewusstsein finden. Führe einfach mal aus Spaß eine Strichliste. Nimm die negativen Gedanken im Vergleich dazu und sei anschließend aus tiefstem Herzen ehrlich zu dir selbst.

In unserer Gesellschaft ist es zur Normalität geworden, dass wir mit einem grimmigen und traurigen Gesichtsausdruck durch die Straße laufen. Selbst zu Hause setzen wir nur selten ein Lächeln auf. Wir haben ja nichts, worüber wir uns freuen könnten. Und an genau diesem Punkt beginnt der psychische Missbrauch.

In dir.

Es ist immer wichtig, die Wurzel allen Übels zu kennen. Und auch wenn es sich dreist und frech anhört und du dich möglicherweise gerade angegriffen und missverstanden fühlst:

Deine Gedanken sind die Wurzel allen Übels. Niemand anderes ist für das Lächeln auf deinem Gesicht zuständig.

Aus diesem Grund kannst du mit deiner Art und Weise zu Denken nicht nur die Wurzel des Übels nähren, sondern auch einen Samen sähen, aus dem innerhalb kürzester Zeit eine wunderschöne Blumenwiese entstehen wird.

"Ich glaube fest daran, dass Körper und Geist wissen, wie manche Dinge getan werden sollten, bevor wir anfangen Angst vor uns selbst zu entwickeln"

Stell dir einmal vor, du fährst von der Arbeit nach Hause, hast eigentlich nicht wirklich Lust, nach Feierabend in deiner Wohnung zu hocken und trittst mit dieser inneren Einstellung und der damit verbundenen energetischen Schwingung deinem Partner, Mitbewohner, Mama oder Papa gegenüber.

Im ersten Schritt verletzt du dich selbst. Warum? Deine schlechte Laune trifft nämlich in diesem Fall in erster Instanz immer nur eine Person. Dich selbst. Denn wie es dein Glaubenssatz schon ausdrückt:

"ICH habe schlechte Laune".

Nicht dein Gegenüber. Sondern DU. Du ganz allein hast schlechte Laune. Im zweiten Schritt schießt diese negative Energie deinem Partner entgegen, der sich dieser unwissend annimmt und zu einem Spiegelbild deiner Selbst wird. Als Folge daraus herrscht nun eine zerknirschte Stimmung.

Im dritten und letzten Schritt spürst du, wie du dich selbst noch mehr herunterziehen lässt, weil du nicht verstehst, warum dein Partner dich jetzt nicht mit einer herzlichen Umarmung empfangen möchte. Und so schaukelt sich die Situation immer weiter hoch, bis der Streit vorprogrammiert ist und im schlimmsten Fall ordentlich die Fetzen fliegen.

Kannst du dir vorstellen, wie schmerzhaft es für eine dich liebende Person sein muss, wenn sie dich nicht lieben darf? Wenn du sie mit dem Entzug von körperlicher Nähe strafst und gleichzeitig mit deinen Gefühlen der Trauer und Lieblosigkeit fast totschlägst?

Versetzen wir uns einmal kurz in die Situation deines Spielpartners. Als Mensch auf der anderen Seite des Spielfeldes bist du diesen Energien und Machenschaften in erster Linie hilflos ausgesetzt. Du verstehst es einfach nicht, wie eine nahestehende Person sich so lieblos und abweisend verhalten kann. In diesem Fall können wir die Reaktion in zwei Muster unterteilen:

Option 1: Der Ja Sager

Er wird alles tun, um dir dein Leben schön zu gestalten. Doch egal, was er auch macht, er wird es dir nie recht machen können. Denn je mehr diese Person nach deiner Nase tanzt, desto mehr verlierst du das Interesse an ihm. Du wirst dir im Umkehrschluss folgende Frage stellen: "Was ist nur aus meinem geliebten starken Mann geworden, an dessen Schulter ich mich damals anlehnen konnte?"

Typische Fragen und Aussagen, um ihn immer weiter in die Enge zu treiben könnten anschließend folgendermaßen ausfallen:

- "Warum hast du die Post noch nicht abgeschickt?"
- "Gib her, ich mach das schon!"
- "Hast du dich schon um deine Überweisung gekümmert?"
- "Warum ist das Essen noch nicht fertig? Ich hab dir doch gesagt, dass du einkaufen fahren musst".

Option 2: Der Flüchtling

Er kommt einfach nicht mehr nach Hause. Er versucht zwar, es dir ein paar Mal recht zu machen, gegebenenfalls das Gespräch mit dir zu suchen und wenn dann doch alle Stricke reißen, zieht er sich einfach zurück. Das macht dich jedoch in der Regel noch wütender und treibt ihn immer weiter von dir fort. Wenn er dann mal wieder viel zu spät in der Nacht nach Hause kommt, wird es laut und unangenehm. Denn das willst du ja schließlich auch nicht. Er ist doch dein Mann und hat bei dir zu Hause zu sein.

Anstatt dich ihm gegenüber zu öffnen und deine Angst, Hilflosigkeit und Panik, die du in der Nacht spürst mit ihm zu teilen, verurteilst du ihn für sein vorpubertäres Verhalten.

"Liebe ist nicht verhandelbar"

Natürlich habe ich diesen Exkurs in psychischer Misshandlung während meiner Beziehung in Perfektion ausgelebt.

Ich dachte ich wüsste besser, was für ihn in seinem Leben gut sei und ließ es Ben jeden Tag aufs Neue spüren, für wie unfähig ich ihn doch hielt. Die Folge dessen war, dass ich aus einem Mann ein Männchen gemacht habe und mich dieses Ergebnis natürlich immer weiter in den Teufelskreis der Unzufriedenheit gezogen hat. Dass er möglicherweise mit seinen ganz eigenen Urängsten zu kämpfen hatte, habe ich damals gar nicht erst in Betracht gezogen. Und somit spitzte sich die Situation nach und nach immer weiter zu.

Mit Sicherheit kennst du solche Momente. Es ist eine niemals endende Spirale aus egoistischen Vorwürfen, Machtworten und lieblosen Meckereien. Jeden Tag aufs Neue verspricht man sich: „Heute wird es anders!"

Und jeden Tag aufs Neue merkt man: "So einfach ist das ja doch nicht".

"Denn ich bin gefangen in meinen Gewohnheiten und Ängsten"

Und auch in diesem Moment schickt mich das Geschriebene quasi ohne Umschweife wieder über das Gesetz der Anziehung und in das gespiegelte Thema, an dem ich wunderbar hätte arbeiten können.

Aus diesem Grund möchte ich dir einen lieb gemeinten Rat mit auf den Weg geben.

"Du kannst nicht damit anfangen, die Probleme deines Partner zu lösen, wenn du deinen Eigenen nicht in die Augen schauen willst."

Was ich dir damit sagen will?

Wir sollten voller Liebe die eigenen Legosteine unseres Lebens in die Hand nehmen und versuchen damit eine Brücke zu bauen, auf der man gemeinsam weitergehen kann. Das wäre eine hervorragende Alternative zum ewigen Verkriechen hinter den Problemen des Anderen. Doch wenn man schon so dermaßen tief in diesem Schlamassel drinsteckt, und schon so lange die Hand auf der heißen Herdplatte hält, dann muss man einfach irgendwann loslassen. Hier und jetzt kann ich dir in vollem Vertrauen sagen:

Ich wollte es schon vor Monaten. Aber es ging nicht. Ich habe es nie gelernt.

EIN TÖDLICHER GLAUBENSSATZ

"Die Zeit wartet auf niemanden, also warte du auch nicht auf die richtige Zeit"

In einem meiner, mich am meisten prägenden, aus der Kindheit stammenden Glaubenssätzen heißt es:

Niemals verlasse ich eine Beziehung, komme was wolle. Man lässt nicht los. Egal, wie sehr es auch wehtut. Egal, ob wir bei dem, was wir fühlen, noch von Liebe sprechen können. Egal, ob wir uns körperlich noch nah sind. Ganz egal was passiert - ich lasse nicht los.

Ich möchte diese Lebenseinstellung nicht schlecht reden. Ich zähle mich einfach nur noch zu den Frauen, die der Meinung sind, dass man Dinge reparieren kann bevor man sie wegwirft. Dennoch sollte man lernen zu akzeptieren, dass gewisse Dinge nur heilen können, wenn wir sie loslassen.

Hier wären wir wieder bei meinem Lieblingsbeispiel:

Die Herdplatte.

"Denn es ist egal, wie lange du deine Hand auf der heißen Herdplatte liegen lässt. Deine Wunde wird erst heilen können, wenn du die Hand löst und die Platte abstellst. Such dir für eine gewisse Zeit einen neuen Weg, dein Essen zuzubereiten."

Kannst du dir, trotz dieser plausiblen Lösung, vorstellen, wie sehr solch ein Glaubenssatz nicht nur zu einem Verhängnis, sondern auch zu meinem Gefängnis werden konnte? Kannst du dir vorstellen, wie erleichtert ich erst Monate später weinend, an einem wunderschönen Ort in der Stille saß und mir darüber bewusstwurde, wie lange ich mich selbst mit diesem Satz in meinem Glauben blockiert und meine Beziehung sabotiert habe?

„Und plötzlich dreht er die Herdplatte ab"

Es fühlt sich an, als wäre es gestern gewesen, dass ich ihn in dieser einen Mittwochnacht, in der er mal wieder viel später nach Hause kam als versprochen herausforderte, mir doch einfach die Wahrheit zu sagen.

Mit der mir mittlerweile nur all zu gut bekannten Wut im Bauch lag ich im Bett und lies meinen Puls höher schlagen, als ich hörte, wie sein Wagen mit einem lauten Brummen um die Kurve bog. Ganz im Gegenteil zu mir freute sich Ronja überschwänglich, als Ben die Wohnungstür hinter sich schloss. Ich ging wie gewohnt just in dem Moment als er das Schlafzimmer betrat explosionsartig auf ihn los:

„Warum hast du mich angelogen? Warum warst du schon wieder so lange weg? Du hattest gesagt, du schaffst es vor 24 Uhr!"

Doch mehr als ein betretenes Schweigen konnte ich in den darauffolgenden Minuten nicht von ihm ernten. So schnell gab ich jedoch auch an diesem Abend nicht auf und hakte weiter auf ihm herum, während er seine Arbeitskleidung auszog, um sich nach dem langen Tag endlich auszuruhen. Obwohl ich tief in meinem Herzen spürte das ich, wenn ich jetzt den Ball flach halten würde, eine schlimmere Wendung der Situation vermeiden könnte, musste ich noch einen Tropfen Öl in das eh schon lodernde Feuer träufeln.

Nachdem er seine Arbeitskleidung mit dem Fuß in die Ecke geschoben und sich neben mich ins Bett gelegt hatte, drehte er sich langsam zu mir um und fragte mich schließlich, nach einem kurzen Moment des Schweigens mit schwacher Stimme:

„Was willst du denn jetzt von mir hören?"

Voller Wut schoss ich ihm blitzartig meine unüberlegte Antwort entgegen:

"Die Wahrheit!"

Und trotz meines wirklich sehr bestimmten Verhaltens hatte ich große Angst vor den wahren Worten, die ich in diesem Moment provozierte aus ihm heraus zu kitzeln.

"Lernen ist nichts anderes als die Erinnerung an etwas, das schon längst in unserer Seele vorhanden ist"

Wenn ich heute an diesen Moment zurückdenke, läuft mir augenblicklich ein kalter Schauer über den Rücken. An diesem Punkt unserer gemeinsamen Zeit änderte sich alles.

Auch wenn wir uns in den letzten Wochen des Öfteren gestritten hatten und nicht selten von beiden Seiten die Worte fielen, wir sollten uns vielleicht besser trennen, spürte ich sofort, dass diese Nacht eine andere Erfahrung für uns bereithielt. In meiner Welt gab es überhaupt nicht die Option ohne Ben und Ronja weiterzuleben. Diese Variante war in der Vision meiner Zukunft nicht vorhanden. Aus diesem Grund habe ich weder ihn, noch mich oder meine Gefühle, geschweige denn sein Empfinden in dieser Nacht wirklich für voll genommen.

Nachdem er meine Antwort für einige schier unendliche Minuten mit einem erdrückenden Schweigen quittiert hatte, setze er sich auf und sah mir direkt in die Augen:

"Ich will das so nicht mehr."

Mein Körper fiel in eine Schockstarre. Meine Gedanken wurden zu Eis. Mein Herz fing an zu kneifen.

Ab diesem Moment nahm das Schicksal seinen Lauf, obwohl ich mit all meinen mir beistehenden Mächten versucht hatte, dagegen anzukämpfen. Als ich schließlich realisiert hatte, was seine Worte bedeuten könnten, habe ich mit einer engelsgleichen Stimme versucht, seine Aussage zu hinterfragen. Aber sein Entschluss schien unumstößlich festzustehen.

Ich wusste nicht, was in dieser Nacht an seiner Bar passiert war. Vielleicht hatte die Frau, die er kennen gelernt hatte das Fass zum Umkippen gebracht.

Ja, du hast richtig gehört. Ich wurde ohne Umschweife ausgetauscht. Gegen eine Frau, die zu diesem Zeitpunkt noch keinen Ärger gemacht hat.

"Der, der keine Träne vergießen kann, kann auch nicht sehen"

Während ich im Anschluss an diesen Wortwechsel kein Auge zu machen konnte und wie ein seelenloses Mädchen in der Wohnung umherirrte während ich eine Zigarette nach der nächsten qualmte, schien er voller Erleichterung seinen Seelenfrieden mit der Situation geschlossen zu haben. Denn nach dem, was er in dem vergangenen Moment gesagt hatte, hat er sich einfach auf die Seite gedreht und war innerhalb von nur wenigen Sekunden in das Land der Träume gereist. Wie du dir sicher vorstellen kannst, konnte ich, nachdem was gerade geschehen war, auch nicht nur eine Sekunde darüber nachdenken einzuschlafen. Als ich aus dem Wohnzimmer zurückkam und mich wieder ins Bett legen wollte, versuchte ich seine Hand zu berühren, versuchte noch einmal den Mut aufzubringen, mich an ihn zu schmiegen. Ich fühlte mich vollkommen fehl am Platz, nicht mehr zu Hause.

Es war grauenvoll. Es war als wäre etwas in uns gestorben.

Ich erinnere mich nur noch zu gut an dieses Gefühl im Bauch, das mich heute immer noch regelmäßig einholt, wenn ich morgens aufwache und mein Bewusstsein noch zwischen Traum und Realität schwebt. Falls du nicht genau wissen solltest, wie es sich anfühlt, lässt es sich vielleicht am besten mit dem Gefühl vergleichen von einem schwarzen Loch aufgesogen zu werden.

Wie etwas, dass alles in dir auffrisst. Gepaart mit einer Panik, die sonst nur Fluchttiere empfinden können, wenn der Säbelzahntiger die Zähne fletscht. Das ist das Gefühl, wenn du neben dem Menschen deines Lebens liegst und weißt, er ist nicht mehr erreichbar für dich.

Er hat einfach das Programm gewechselt.

"Man kann nie wissen, wann das nächste Wunder passiert"

Dass dieses Trennungsszenario nicht von heute auf morgen abgeschlossen war, kannst du dir mit Sicherheit sehr gut vorstellen. Auch bei mir gab es, vor allem in der ersten Woche, noch ein Hin und Her aus Gesprächen und eine Reihe kläglich scheiternder Rettungsversuche nach dem Motto:

"Bitte habe den Mut es noch einmal zu probieren. Die Steffi die du kennst, gibt es nicht mehr."

Sowie den paranoiden Gedanken:

"Ich versuche einfach so weiterzumachen wie vorher, dann wird er mich schon wieder lieben."

Drei Mal darfst du raten was davon funktioniert hat? Ganz genau - NICHTS.

Heute weiß ich, dass tatsächlich eine andere Frau im Spiel war, und somit hatte ich als die bekannte, nervige und nörgelnde Freundin, sowieso keine Chance mehr. Ich wusste zu viel, ich kannte seine Baustellen, wir hatten gemeinsame Baustellen und was scheint dann in diesem Fall einfacher und schöner zu sein, als sich in die Arme einer Frau fallen zu lassen, die nichts von alldem weiß, dich nimmt, wie du bist und dir in keinerlei Hinsicht Druck macht, dein Leben endlich auf die Reihe zu kriegen?

Hätte ich vorher darüber Bescheid gewusst beziehungsweise seine Aussage der vergangenen Mittwochnacht ernst genommen, hätte ich mir einige Gespräche und Nächte voller Hoffnung ersparen können. Denn sowohl die Aussage: "Ich habe da jemanden kennen gelernt", als auch die dreiste Frage: "Stand schon einmal jemand vor dir und du wusstest einfach nicht mehr, was du sagen solltest?", ließen keine Zweifel mehr zu, dass ich meine Chancen gen Null standen. Aber in diesem Moment war ich einfach noch nicht so weit die Kunst des Loslassens zu praktizieren. Ich war so unglaublich fest gefangen in meinen mir wohl bekannten Verhaltens- und

Glaubensmustern. Steckte fest - hielt fest - wollte mir lieber lebenslang die Hände an der heißen Herdplatte verbrennen, anstatt sie unter einen kühlenden Wasserstrahl zu halten.

Am darauffolgenden Dienstag, den 26. Juni, hat er mich endgültig verlassen.

Es war ein wunderschön sonniger Tag. Als ich realisierte, dass er die Worte wirklich ausgesprochen hatte, hörte ich im Hintergrund, wie sie im Radio das Lied "The winner takes it all" spielten.

Ich musste kurz lachen. Und dann habe ich geweint.

Nach vielen Tagen, mit vielen Gesprächen und vielen „Ich weiß es nicht" seinerseits, hat ihm wohl irgendwer den Schubs gegeben, endgültig ohne mich weiterzugehen.

Woran dachte ich in diesem Moment?

Auch wenn es untypisch für mich war, stand der materielle Verlust plötzlich für mich im Fokus. In meinem Kopf bildete sich ein permanenter „Flucht & Kampf Modus" aus. Bilder schossen mir durch den Kopf. Ich würde nie wieder meine Füße auf das Armaturenbrett von Broady legen - nie wieder lachen, wenn wir mal wieder vergessen würden, die Kühlschranktür richtig zu schließen. Nie wieder mit meinem Seelenhund Ronja durch die Wälder stromern, ihre Lieblingsstelle hinter den Ohren kraulen oder morgens von ihrer Kuschelattacke geweckt werden. Die einzigartigen Momente, die ich mit diesem Mann erlebt habe - darüber könnte ich Romane verfassen.

Doch von diesem Moment an, war keine dieser Erinnerungen mehr von Bedeutung. Als ich das schließlich realisiert hatte, fuhren Tränen wie Autobahnen über meine Wangen. Denn jetzt war es endgültig an der Zeit wieder laufen zu lernen. Ich hatte keine andere Wahl. Ich wurde aus dem Sattel geschmissen und lag dort heulend am Boden wie ein kleines, trauriges Kind und wusste nicht mehr wie Aufstehen, geschweige denn Laufen funktioniert.

"Und all die Zeit, die nicht mit dem Herzen wahrgenommen wird, ist verloren"

KAPITEL 2

"Dein Märchen braucht dringend mal ein Update, Liebling"

So kraftlos wie sich meine Worte in den letzten Sätzen angehört haben, habe ich mich natürlich auch gefühlt. In den ersten Wochen durchlebte ich meine personifizierte Hölle von Angesicht zu Angesicht mit mir selbst. Ich habe kaum etwas essen können, habe bei jedem Menschen in meiner Umgebung Rat gesucht, mich zu vielen Menschen anvertraut und zwischenzeitlich erfolglos versucht mein Ego zu pushen, indem ich schlechte Dinge über meine gerade frisch gescheiterte Beziehung erzählte.

Rückblickend verlief wochenlang alles nach einem aussichtslosen Muster. Meine Ernährung war im wahrsten Sinne des Wortes für den Arsch. Beizeiten war ich froh, dass ich endlich wieder Appetit auf irgendetwas hatte. Meine Essverhalten beschränkte sich auf die wirklich nährstoffreichen Lebensmittel: Mc Donalds, Asia Fertignudeln und Würstchen. Der Alkohol war an vielen Tagen mein einziger und bester Freund und auch die Zigaretten begleiteten mich in vielen Phasen zu intensiv.

Kurzum: Nicht nur meine Ernährung war für die Tonne, sondern auch Selbstliebe und Selbstwert fielen bei mir deutlich in den Keller. Mein Körper wurde von Mal zu Mal zu einer Art Mülldeponie meiner Emotionen. Ich habe Müll in mich hineingestopft und einen riesigen Haufen Gedankenmüll produziert. Habe zum größten Teil Müll geredet und im Großen und Ganzen nichts dafür getan, dass dieser ganze Müll auch wieder abtransportiert wird. Ich habe mich in Ausflüchten und Ablenkungen gesuhlt, wie ein von seiner Mama allein gelassenes kleines Ferkel. Ich wusste, dass ich da wieder raus musste.

"Die Arbeit läuft dir nicht davon, wenn du deinem Kind den Regenbogen zeigst.

Aber der Regenbogen wird nicht warten, bis du mit der Arbeit fertig bist"

DAS LAND DER HOCHSENSIBILITÄT

"Ich konnte den Klang des Zerbrechens hören"

Möglicherweise magst du dir jetzt denken:

"Oh mein Gott. Es ist doch nur eine Trennung gewesen, warum macht sie daraus so ein Drama?"

Abgesehen davon, dass ich in meiner Vergangenheit aus allem ein Drama gemacht habe, war das Zauberwort in diesem Fall:

Herzlich Willkommen im Land der Hochsensibilität! Hier finden Sie die kuriosesten Gefühle, die unkontrolliertesten Emotionen und ein gigantisches Potential, sich zu der Person zu entwickeln, die Glück verkörpert und Liebe ausstrahlt. Aber bis Sie an diesem Punkt in Ihrem Leben angekommen sind, haben wir hier 1000 Seelenaufgaben für Sie, die es zu bewältigen gilt.

Ignorieren oder übersehen Sie die erste Aufgabe, wird die Zweite umso schwerer. Ignorieren Sie auch diese Herausforderung, wird die Dritte umso schlimmer. Sie haben das Prinzip verstanden? Dann wünschen wir Ihnen hiermit viel Glück auf Ihrem spirituellen Weg in Richtung Liebe, Glück, Freude und wahrer Freiheit.

Nur wenige Menschen sind nach einer Trennung wirklich dazu in der Lage, klar und strukturiert zu denken. Personen, die mit der Hochsensibilität gesegnet wurden, haben es in diesem Fall jedoch noch eine Nummer schwerer. Sie empfinden das sich schleichend in ihnen entwickelnde Gefühl als noch erdrückender, die Geräusche und Bilder um sie herum viel intensiver und Erinnerungen bleiben lebhafter in ihrem Gedächtnis bestehen. Deswegen ist es eine äußerst taffe Wahl, wenn solch ein von Natur aus sanfter Mensch für sich die Entscheidung trifft:

Ich will mich nicht mehr selbst verletzen. Ich muss raus!

Doch bevor man schließlich den Absprung wagt, verläuft man sich häufig in einem tiefen Schlamm aus purem Selbstmitleid.

Versteh mich hier bitte nicht falsch, dieses Verhalten ist für eine gewisse Zeit auch vollkommen in Ordnung. Jeder muss seine Trauer ausleben dürfen. Meine „gewisse Zeit" war glücklicherweise relativ kurz. Dachte ich auf jedem Fall zu diesem Zeitpunkt. Circa 6 Wochen habe ich mich mir selbst gegenüber verhalten wie der letzte Dreck.

Ich war mir selbst so unfassbar egal. Ich könnte es verstehen, wenn du jetzt den Kopf schüttelst, lachst und dir denkst:

"Wenn du deine Trennung innerhalb von 6 Wochen verarbeitet hättest, dann hättest du dieses Buch wahrscheinlich gar nicht erst geschrieben."

Und mit dieser Annahme hast du natürlich vollkommen recht. Letztendlich hat es dann nämlich doch viel viel länger gedauert. Nach einem Jahr und einigen weiteren Lernprozessen sitze ich nun hier und kann aus tiefstem Herzen behaupten, dass ich vielleicht erst heute an dem Punkt angelangt bin, das Geschehene mit wahrhaftiger Liebe und Dankbarkeit betrachten zu können.

Überleg dir das bitte mal: Ein ganzes Jahr später! Wenn ich so darüber nachdenke, muss ich fast ein bisschen schmunzeln, dass ich im August 2019 schon der festen Überzeugung gewesen war, ich hätte meine Lektion gelernt und wäre zu einem engelsgleichen Wesen aufgestiegen.

"Ich bin eine Frau auf der Suche nach einem Wort"

Möglicherweise fragst du dich außerdem, warum ich nach 6 Wochen geglaubt hatte, ich wäre über die Sache hinweg? Ganz einfach. Ich habe meine Maske von damals wieder aufgesetzt.

Ich wurde wieder zur Businessfrau, habe nach Anerkennung im Außen gesucht und fühlte mich dabei wirklich wohl. Ich habe mich mal wieder in unser wirtschaftliches System eingefügt und bin über das gesunde Maß hinaus Vollzeit arbeiten gegangen. Ich habe versucht mir Lob und Anerkennung von den Menschen in meinem Umfeld zu erhaschen.

Um Liebe zu fühlen. Im Außen. Ganz weit weg von meinem eigentlich immer noch zerbrochenen Herzen.

Ich ging viel arbeiten. 30 Stunden die Woche übte ich meinen Job als Fitnesstrainerin aus, 30 Stunden die Woche "genoss" ich meine Arbeit als Massagetherapeutin und irgendwo dazwischen besuchte ich meine Seminare für meine Ausbildung zur Tierheilpraktikerin.

Was waren zu diesem Zeitpunkt jedoch meine aktuellen Glaubenssätze?

- "Ich will das nicht mehr"

- "Ich habe keine Zeit"

Denn ein Leben ohne Drama gab es bei mir nicht. Ganz unterschwellig entwickelte sich somit tief in mir eine Unlust am Leben. Obwohl ich immer wieder ausreichend glücklichen Momenten in meinem Alltag und auch in meinem Beruf begegnete, ging mir nach und nach der Sinn verloren, warum ich morgens überhaupt aufstehen sollte. Ich verlor die Freude am Leben.

Ich vermute, dass diese neuen, destruktiven Glaubenssätze mich auch noch eine ganze Weile auf dem Weg meiner Entwicklung begleiten würden. Denn wie ich es schon in vielen Büchern gelesen hatte:

Das Leben wiederholt seine Lektion so lange, bis du sie verstanden hast. Nur das sie immer deutlicher werden und dich immer mehr in die Knie zwingen, damit du vor noch Schlimmerem bewahrt wirst.

Was ich dir in diesem Buch neben meiner persönlichen Geschichte mit auf den Weg geben möchte, ist folgendes:

Im Leben geht es nicht ausschließlich um das, was dir im Außen passiert.

Es geht vielmehr um die Fähigkeit, wie du in deinem Inneren mithilfe deiner Gedanken und Überzeugungen eine vollkommen neue Realität kreierst.

Es liegt mir am Herzen, dir die Grundlage deiner Gedanken und die Verbindung mit den Emotionen näher zu bringen, damit du aus meinen Erfahrungen lernen kannst.

Du wirst erstaunt sein wie beruhigend es ist zu verstehen, warum dir gewisse Dinge in deinem Leben widerfahren. Aus diesem einfachen Grund möchte ich dir die vier Säulen eines erfüllten Lebens mit auf den Weg geben. Beginnen wir mit der ersten:

Deinem Selbstwert.

SÄULE 1: DER SELBSTWERT

Selbstwert ist eines der vielen Worte welches, wenn man es einmal genauer betrachtet, eine vollkommen andere Bedeutung hat, als es der allgemeine Leumund vermuten lässt. Nehmen wir dieses kleine und unscheinbare Wort einmal auseinander entdecken wir dahinter folgendes:

Das "Selbst" und den "Wert".

Daraus lässt sich zunächst schlussfolgern, dass es hier um das eigene Normen und Werte System geht aber auch darum, was man sich selbst wert ist und wie respektvoll man sich selbst behandelt.

Im Bezug auf das Normen und Wertesystem möchte ich ganz mutig behaupten, dass 90 % der Menschen ihr eigenes Normen und Wertesystem gar nicht mehr kennen.

Aus diesem Grund lade ich dich dazu ein, dir einen Moment zu schenken und über folgende Fragen nachzudenken:

- In wie vielen Fällen wissen wir wirklich, welche Werte uns als Person und unsere Art und Weise das Leben zu genießen ausmachen und in wie vielen Fällen davon sind es Eigenschaften, die wir von unserem Mitmenschen, Lehrern aber auch von der Familie und den Freunden blind übernommen haben?

- Wie oft definieren wir uns über andere Menschen und wie oft über uns selbst?

Um dein eigenes Normen und Wertesystem auf den Prüfstand zu stellen, erfordert es eine große Portion Mut.

Du könntest im Laufe der Analyse beispielsweise feststellen, dass du absolut keine Ahnung davon hast wer du bist, was du vom Leben erwartest und auf welche Art und Weise du von deinem Umfeld gesehen werden möchtest. Um nun also diese Basis deiner Persönlichkeit zu kreieren kann es hilfreich sein, dir im weiteren Verlauf die Frage zu stellen:

Was bin ich mir selbst wert? Selbst wert? SELBSTWERT!

Schau nun, ob du die hier aufgeführten Fragen mit einem klaren Ja oder einem Nein beantworten kannst:

- Behandelst du dich SELBST, wie einen WERTvollen Diamanten?

- Behandelst du dich liebevoll und mit vollem Respekt deinen eigenen Bedürfnissen gegenüber?

- Nimmst du dir Zeit für dich und deinen Körper und respektierst du deine Grenzen?

- Beobachte deine Gedanken! Sind sie liebevoll und einfach nett dir selbst gegenüber?

"Und obwohl du diese gute Eigenschaft besitzt, musst du lernen sie so einzusetzen und zu lenken, dass du damit wahre Größe erreichst.

Sonst bleiben sie nur ein Haufen Gefühle der Amok läuft"

Ist das Fundament der ersten Bewusstwerdung gelegt können wir uns an den zweiten Schritt herantrauen. Hierbei geht es um deine individuelle Sicht auf die Dinge, die sich immer wieder im Außen, also deinem aktiv erlebten Umfeld, abspielen.

Was hast du an dem Verhalten anderer Menschen in deinem Umfeld zu beanstanden? Was regt dich auf?

Schreibe hier gerne eine Liste mit all den Punkten, die dich zu Weißglut treiben und werde dir ganz zwanglos darüber bewusst, was du fühlst. Hier ein Beispiel meinerseits:

Wenn dich dein Arbeitskollege wütend aus dem Zimmer jagt und dir nicht zuhören möchte, dann frage dich, wie wichtig dir das respektvolle Zuhören in deinem Normen und Wertesystem ist. Setzt du es aktiv in deinem Leben um? Bist du selbst ein guter und respektvoller Zuhörer oder spiegelt dir dein Arbeitskollege nur eine Seite an dir wider, die du selbst an dir ablehnst? Wenn du nun also die Verhaltensweisen oder Emotionen notiert hast, die dich an den Menschen in deinem Umfeld stören, kannst du dich mit dem nächsten Schritt der Selbsterkenntnis beschäftigen. Im letzten Schritt notierst du nun die nachstehenden Fragen auf einem leeren Blatt Papier und nimmst dir im Laufe des Tages die Zeit, sie in Ruhe zu beantworten.

- Was wünsche ich mir von einem anderen Menschen?

- Wie möchte ich behandelt werden?

- Wie behandle ich mich selbst?

- Wie kann ich meine Grenzen setzen, wenn jemand meine Grenzen nicht respektiert?

Was möchte ich dir schlussendlich mit all dieser Selbsterkenntnis mitteilen? Selbst wenn uns etwas anderes beigebracht wurde:

Wir dürfen unseren eigenen Wert erkennen und ihn Leben. Wir dürfen verstehen, was wir uns selbst wert sind, wie es sich anfühlt sich selbst jeden Tag wertvoll zu behandeln und wie immens wichtig dieses Erkennen und Leben des eigenen Selbstwertes für unsere Entwicklung ist.

Mit Sicherheit fragst du dich jetzt, wie es weiter gehen soll.

Mein persönlicher nächster Schritt war damals, dass ich mir die Frage: "Wie behandle ich mich selbst?" zur Brust genommen habe.

Ich habe mich nämlich eher selten so behandelt, als wäre ich wertvoll. Ich bin morgens genervt aufgewacht und habe mich für den Job vorbereitet. Ohne Frühstück bin ich aus dem Haus und habe mir dann in der Firma schnell was reingestopft und dann gestresst für andere Menschen Aufgaben erledigt. Zwischendurch habe ich geraucht, gemeckert und nach Feierabend meine Cola im Kaufland mit Laugenbrötchen gekauft und mich dann entweder mit einem Buch auf die Couch gesetzt oder eine Serie geschaut. Ich habe mich verhalten, als wäre ich wertlos.

Als wäre mein Körper eine Müllhalde und meine Gedanken ein ungepflegter Garten, den ich immer mehr verwuchern lasse.

Ich finde es im Nachhinein sehr schwer die richtigen Worte zu finden, um dir das Gefühl von echtem Selbstwert zu vermitteln. Dir zu erklären, wie es sich anfühlt, wenn du dich in deinem Leben ab sofort an erster Stelle stehen siehst. Wenn du ab sofort in erster Instanz dafür sorgst, dass es dir gut geht und im Anschluss deinem Job, deinem Chef oder auch deinem Partner gerecht wirst. Dass vielleicht erst ein leckeres Essen und die Badewanne auf dich wartet und im Anschluss die Arbeit.

Sie läuft schließlich nicht weg. Du bist ein wertvoller Diamant. Du bist ein Geschenk. Du bist der Schöpfer deiner dir heilsamen Art und Weise zu leben und du entscheidest, wie viel dir deine Gesundheit, dein Glück und dein Leben wert ist.

Mein Praxistipp für dich: Wenn du morgens aufwachst, überlege dir kurz, wie du dir an diesem Tag Wertschätzung zeigen kannst. Vielleicht versprichst du dir ein Bad zu nehmen. Oder einen Spaziergang zu machen. Oder am Abend das Handy beiseitezulegen. Oder deinem Hobby für eine halbe Stunde nachzugehen.

Wichtig ist, dass du dich an dieses Versprechen hältst und es einlöst.

EIN GESPRÄCH MIT MIR SELBST

"Wenn du auf den perfekten Augenblick wartest, wirst du nicht von
der Stelle kommen.

Um den nächsten Schritt zu gehen, bedarf es Mut und eine kleine Prise
Verrücktheit"

Ich weiß noch, wie ich an einem freien Tag, einige Wochen nach der Trennung, vor meinem Spiegel im Flur stand und mich eine ganze Weile lang beobachtete.

Zunächst lang und eindringlich. Anschließend fragend.

Immer wieder sah ich mir dabei selbst sehr tief in die Augen.

„Wer bist du?", fragte ich mich im Stillen.

Mit einem akribischen nach einer Antwort suchenden Ausdruck in den Augen blickte mich mein Spiegelbild einen Hauch zu eindringlich von oben bis unten an. Ich war erschrocken.

Mich das erste Mal im Detail zu betrachten, kostete mich Überwindung. In den folgenden Sekunden packte mich ein tiefes und mir vollkommen fremdes schlechtes Gewissen meinem eigenen Körper gegenüber. Ich hatte 10 Kilogramm abgenommen, die Ringe unter den Augen waren markant und meine damals noch kraftvolle Haarpracht hatte ihren Glanz verloren.

"Warum habe ich mich bloß so wertlos behandelt? Wie kann es sein, dass ich von jemandem erwarte, dass er mich liebt und meinen Wert zu schätzen weiß, wenn ich selbst nicht im Ansatz etwas dafür tue, dass es mir gut geht?"

Somit war mir zu Beginn dieser Unterhaltung mit mir selbst der Blick in meine eigenen Augen nur für wenige Sekunden möglich.

„Du bist Steffi", antwortete mir mein Spiegelbild plötzlich.

Ich sah einen Moment lang verdutzt in mein eigenes Gesicht und antwortete schließlich im Stillen:

„Ja, ich weiß. Aber das sind doch nur ein paar aneinander gereihte Buchstaben. Aber diese Steffi...wer ist sie?"

Ich fühlte mich plötzlich wie in einem Zwiegespräch zwischen Verstand und Herz. Mein Herz erwiderte:

"Wer bist du? Und falls du mir diese Frage noch nicht beantworten kannst, dann lass es uns mit etwas anderem versuchen: Weist du, was dir diese Person, die dir im Spiegel entgegenblickt bedeutet?"

Und so stand ich da, nackt und allein in meinem Flur vor meinem Spiegel, während ich mit dem Zwiegespräch meines Herzens mit dem Verstand hilflos ausgeliefert fühle. Mein Körper und meine Augen gezeichnet von den Spuren der ersten Wochen meiner Trennung. Langsam, aber sicher bahnten sich heiße Tränen ihren Weg über meine Wangen und ich ließ die Gefühle zu.

„Ich weiß es nicht", brachte ich unter einem tiefen Schluchzen hervor, während die Tränen immer schneller meine Wangen hinunterliefen. Nachdem ich einige Minuten, die sich ihren Weg suchenden Autobahnen der Tränen auf meinem Gesicht beobachtet hatte und die dadurch entstandene verschwommene Sicht nicht besser hätte ausdrücken können, wie wenig ich doch bereit war, mein wahres Ich zu erkennen, beruhigte sich mein Atem und der unzähmbare Fluss der Tränenflut begann zu verebben. Ich hatte keinen blassen Schimmer, wer dieses Mädchen im Spiegel war. Ich wusste zwar wie sie aussieht und ich wusste auch, womit sie sich ab und an gerne beschäftigt und was sie vielleicht gerne als nächstes im Onlineshop kaufen möchte. Aber selbst in solchen Punkten war ich mir in diesem Moment nicht mehr sicher.

Nachdem ich mir noch für einige Minuten lang versucht hatte in die Augen zu schauen, traf mich die Erkenntnis wie ein Donnerschlag: Ich habe gemeinsam mit Ben, Ronja und Broady den wichtigsten Menschen in meinem Leben verloren - mich selbst. Ich habe mich in dieser Beziehung vollkommen selbst verlassen. Ich habe alles, was ich bin, oder dachte zu sein, all meine Werte und all meine Liebe versucht über eine Gegebenheit im Außen zu definieren.

Doch das schien nicht funktioniert zu haben. Um dir das Gefühl, dass sich plötzlich in mir ausbreitete näher bringen zu können, machen wir noch einmal einen kurzen Abstecher in die Vergangenheit und beschäftigen uns mit der zweiten Säule eines glücklichen Lebens.

SÄULE 2: DAS INNERE KIND

"In einer Stunde gemeinsam spielen kann man mehr über eine Person erfahren als nach einem Jahr der Konversation"

In diesem Kapitel kommen wir auf die zweite wichtige Säule unseres Lebens zu sprechen: Das innere Kind.

Vielleicht hast du schon einmal davon gehört, dass jede menschliche Seele mehrere Persönlichkeitsanteile in sich trägt. In diesem Fall handelt es sich jedoch nicht um eine spezielle Form der Schizophrenie, sondern um eine ganz liebevolle Beziehung zu mindestens 4 seelischen Aspekten unseres Selbst: Dem Ich, unserem Schattenanteil und dem inneren Kind. Häufig spielt auch noch der innere Erwachsene eine wichtige Rolle in diesem Quartett.

In diesem Kapitel wollen wir uns jedoch vorerst auf das innere Kind konzentrieren und uns einmal näher anschauen, wie dieser Seelenanteil unser Leben beeinflussen kann und welche Erfahrungen ich mit meinem inneren Kind machen durfte.

Die offizielle Definition vom inneren Kind liest sich wie folgt:

"Das innere Kind wurde als therapeutisches Konzept von John Bradshaw in den 1970er Jahren entwickelt. Es symbolisiert dabei sowohl alle bewussten als auch vor allem unbewussten Gefühle, Erlebnisse und Erinnerungen aus der eigenen Kindheit"

(https://www.psychomeda.de/lexikon/inneres-kind.html)

Doch warum spielt das innere Kind in der heutigen Zeit eine so ausschlaggebende Rolle in der Persönlichkeitsentwicklung?

Weil es vor allem darum geht zu verstehen, warum wir traurig sind. Warum wir wütend reagieren. Warum wir zu Süßigkeiten greifen. Warum wir betrügen und lügen.

Bei der Arbeit mit dem inneren Kind geht es darum, den Gefühlen und Erlebnissen, die in unserer Kindheit schmerzhaft waren, den Raum zu geben, nach oft Jahrzehnte langer Unterdrückung wieder in unser Bewusstsein zu gelangen. Damit wir anschließend im Frieden mit uns und unserer Vergangenheit in Glück, Freude und Harmonie in die Zukunft schauen können.

Wenn man als Kind wenig Liebe und Zuneigung erfahren hat entwickelt man im Jugend- aber auch Erwachsenenalter diverse Eigenarten wie Unsicherheit, Verlustangst oder Kontrollsucht. Es lohnt sich also in vielerlei Hinsicht mit dem eigenen unterdrückten, abgelehnten und verwundeten inneren Kind in Kontakt zu treten und zu schauen, wie man diese Wunden heilen kann, indem man sie in das gegenwärtige Leben integriert.

Denn häufig wünschen wir uns und auch unser inneres Kind sich nur eines: Liebe.

Wir möchten in den Arm genommen werden und uns geborgen fühlen. Dieses zerbrechliche Gefühl versteckt sich jedoch häufig hinter Wut und Aggression, Trauer und dem Burnout. Hinter all den Menschen, die aus der Haut fahren oder sich depressiv zurückziehen, nach Anerkennung im Außen suchen oder ein selbstverletzendes Verhalten zeigen steckt ein kleines verletztes Kind, dass am Ende des Tages auf der Suche nach Nähe, Liebe und Sicherheit ist.

Um dein inneres Kind in dein Leben zu integrieren und die Basis der Selbstliebe und Selbstfürsorge sowie einem gewissen Urvertrauen zu erschaffen ist es wichtig zu hinterfragen, wie häufig du in deinem Leben wirklich zu dir selbst stehst.

Wann du dich an erste Stelle stellt. Wann du deinen Spaß und deine Freude an vorderster Front auslebst.

In welchen Momenten du "Nein" sagst, um dich selbst zu beschützen, auch wenn es deinem Umfeld bitter aufstößt. In welchen Momenten deines Lebens du dir selbst die beste Mutter, der beste Vater oder auch die beste Freundin bist. Wann lebst du deine kindliche Freude aus? Wann genießt du es einfach mal nur Dinge zu tun, weil sie dir Spaß machen? In welchen Momenten fühlst du dich traurig? Was treibt dir die Tränen in die Augen, wenn es zu dir gesagt wird?

Auch der Verlust eines Elternteils oder der Großeltern kann dein inneres Kind schwer verunsichern und eine Mauer aufbauen lassen. All das sind die Momente, die die Verbindung zu deinem inneren Kind nähren und wachsen lassen. Die dich ein Stück weiter wegbringen von der Wut, der Unsicherheit und dem Mangel an Selbstvertrauen. Weil du weißt, dass immer gut für dich gesorgt ist solange du bei dir bist. In meinem Fall war es nicht anders als oben beschrieben.

Als kleines Kind hatte ich natürlich unbeabsichtigt ein eher instabiles psychisches Familienleben erfahren dürfen und habe bis heute mit einem Mangel an Urvertrauen zu kämpfen. Heute kann ich erkennen, dass meine endlose Suche nach Liebe im Außen, meine Kontrollsucht, meine Verlustangst aber auch mein materialistisches Verhalten sowie zum Teil übermäßiges Essen aus der Trauer meines inneren Kindes heraus entstanden ist. Erst eine ganze Zeit später habe ich verstanden, dass ich diese Zufriedenheit und Liebe nicht im Außen finden werde.

Dass das grundlegende Fundament, dass mich mit den unterdrückten kindlichen Anteilen wieder zusammenwachsen lässt aus der Liebe zu mir selbst entspringen wird.

Bis zu diesem Zeitpunkt suchte ich jedoch immer nach den Schuldigen an meinem Unwohlsein in meinem Umfeld. Wie oft habe ich mit dem Finger auf meine Freunde gezeigt und gesagt:

"Du bist Schuld an meinem Unglück! Du bist Schuld an meiner Trauer! Mach das ich glücklich bin!"

Die damalige Sicht auf meine Lebenssituation schien für mich mehr als eindeutig: Das Leben war einfach nicht auf meiner Seite und die Menschen um mich herum waren lieblose Arschlöcher.

Nicht erst in meiner Clubhotelkarriere habe ich verzweifelt nach einem Mann gesucht, der mich verdammt noch mal liebt. Schon mit 18, als mich mein erster Freund verlassen hatte, habe ich mich in die Arme vieler

Männer fallen lassen, von denen ich geglaubt hatte, sie würden auf dem weißen Pferd angeritten kommen.

Ich verbrachte meine Tage in der dauerhaften Hoffnung, einer von ihnen könnte dazu in der Lage sein, mich wirklich zu lieben.

Mein inneres Kind sitze bildlich gesprochen in der Ecke und weinte jedes Mal Wasserfälle, wenn wieder ein Mann auf die Idee kam sich von mir abzuwenden. Diese Ereignisse zogen sich wie ein roter Faden durch mein Leben, bis ich 2017 Ben und Ronja kennen lernen durfte. Bis zu diesem Zeitpunkt durchlebten meine kleine innere Steffi und ich die selbst erschaffene Beziehungs- und Selbstzweifelhölle. Hätte ich zu diesem Zeitpunkt bewusst wahrnehmen können, dass es tief in meinem Inneren diesen von mir unbewusst unterdrückten Seelenanteil meines inneren Kindes gibt, wären mir ein Großteil meiner Seelenschmerzen erspart geblieben.

Wie du dir jedoch denken kannst, wurde ich nach vielen ernüchternden Versuchen die Liebe im Außen zu finden zunehmend übellauniger, grantiger, und der Welt sowie meinen Mitmenschen nicht gerade positiv zugeneigt.

Ich war nach vielen Jahren nicht mehr die Person, mit der man seine freien Nachmittage verbringen wollte. Ich habe mich gefühlt wie Carry, Miranda, Charlotte und Samantha aus Sex & the City. Nach außen hin wirken sie stark, taff und selbstbewusst, aber innerlich sind sie nur auf der Suche nach wahrhaftiger und inniger Liebe.

So unfassbar viele Frauen auf dieser Welt sind auf der Suche nach dem Ritter auf dem weißen Pferd der ihr Leben retten soll. Nach jemandem, der ihnen in ihrer Verzweiflung Liebe und Geborgenheit schenkt.

Nach jemandem, der ihnen zeigt, wie wertvoll sie sind. Jemand, der sie in den Arm nimmt und ihnen sagt, dass alles gut wird. Und ihnen zustimmt, wenn sie zum wiederholten Male der Meinung sind, die Welt wäre böse.

Sorry Liebling! So wird es niemals funktionieren! Es ist unglaublich wichtig zu akzeptieren, dass es in unserer Seele Dinge gibt, die wir unterdrücken. Ganz unbewusst und aus reinem Selbstschutz heraus. Das es dort einen Anteil gibt, der voller Leichtigkeit und Freude, mit kindlichem Frohmut das Leben genießen möchte. Einen Anteil, der dem Schmerz und der Last unserer heutigen Welt nicht gewachsen ist und auch nicht versteht, warum wir nicht mit ihm in Kontakt stehen möchten.

Sobald wir uns diesem inneren Seelenanteil nähern werden wir erkennen, dass es uns gewisse destruktive Verhaltensmuster nicht mehr täglich das Leben zu Hölle machen werden.

Ich lade dich an dieser Stelle aus tiefstem Herzen dazu ein, dich intensiver mit der Thematik auseinander zu setzen. Leider bin ich in dieser Thematik kein Profi, könnte hier zwar noch viele weitere Seiten füllen, damit aber den Rahmen dieser Geschichte sprengen. Es gibt fantastische Lektüre dazu, mit der du dich die ersten Schritte in Richtung Heilung des Inneren Kindes bewegen kannst.

Kontaktiere mich gerne, wenn du hier Buchempfehlungen erhalten möchtest. Es lohnt sich in jedem Fall, Frieden mit diesem Teil deiner Seele zu schließen.

EXKURS: UNIVERSELLE LEBENSGESETZE

"Denkst du nur an das Ziel, kannst du nicht auf die Zeichen am Wegrand achten"

Bevor wir uns aber endlich wieder meiner Geschichte zuwenden, machen wir noch einen kleinen Abstecher in die Welt der Quantenphysik und der damit verbundenen universellen Lebensgesetze.

Es ist so viel einfacher die Dinge, die um dich herum geschehen zu verstehen, wenn du eine ungefähre Ahnung davon hast, dass sie nicht grundlos passieren.

Du hast mit Sicherheit schon davon gehört, dass unser Universum nach seinen ganz eigenen Spielregeln spielt. Es gibt somit durchaus einige Grundsätze im Leben, die aus unserem tristen Alltag ein farbenfrohes Blumenfeld entstehen lassen können. Daher möchte ich dir dabei helfen, unsere Welt und das, was dir tagtäglich widerfährt ein wenig besser zu verstehen.

1.Deine Realität ist ein Spiegel dessen, was du denkst.

Das bedeutet, dass du die volle Verantwortung für das trägst, was um dich herum geschieht. In der spirituellen Szene spricht man auch von "Manifestation".

Du manifestierst mit deinen Gedanken und deinem Verhalten die Realität um dich herum. Das wiederum heißt, dass niemand für dein Glück oder Unglück verantwortlich ist, außer dir selbst.

Denn bist du glücklich, manifestierst du Glück in deinem Umfeld.

Bist du unglücklich, manifestierst du dieses Unwohlsein in deiner Realität.

Eigentlich ganz einfach, oder?

Mit dem folgenden Gedankenspiel wird sich dir das erste universelle Gesetz einfacher erschließen:

Die Aktion deiner Gedanken und Emotionen:

Stell dir einmal vor du liegst morgens im Bett, bist gerade aus deinen Träumen erwacht und dein Verstand schickt dir folgende Gedanken: "Muss ich wirklich aufstehen? Wofür das Ganze eigentlich noch Tag für Tag durchziehen, läuft doch eh nichts so wie ich es will".

Die Reaktion des Universums auf deine Aktion:

Nun, ich würde jetzt liebevoll ausgedrückt meinen Arsch darauf verwetten, dass im Laufe des Tages folgendes passieren wird:

90% der Ampeln auf deinem Weg schalten auf Rot, deine Arbeitskollegen oder die Familie verhalten sich dir gegenüber wenig zuvorkommend und das dir servierte Kantinenessen scheint lieblos zubereitet zu sein. Möglicherweise wird nach Feierabend das Duschwasser nicht heiß und ganz nebenbei ist auch eine Spinne in deiner Wohnung eingezogen.

Hinter dieser Schlussfolgerung steckt ein ganz einfacher und in vielen Kreisen nicht unbekannter Mechanismus, der auf den wissenschaftlichen Erkenntnissen der Quantenphysik beruht:

Aktion - Reaktion.

Lass dir den nächsten Satz auf der Zunge zergehen und sorge dafür, dass sich dein Verstand nicht unverzüglich dagegen aufbäumt. Vielleicht hast du es schon einmal gehört:

Du bist Energie. Was du ausstrahlst, ziehst du an.

Auf deine Aktion (deine Gedanken und Emotionen) folgt die Reaktion (die Antwort deines Umfelds).

WOW!

Im folgenden Abschnitt erkläre ich dir kurz, was es mit der Quantenphysik auf sich hat:

Die kleinste Einheit unserer Zelle ist der sogenannte "Quant". Dieses Quantenteilchen besteht aus reiner Energie. Jede Form der Energie schwingt auf einer eigenen Frequenz und passt sich an die ihn umgebende Schwingungsfrequenz an.

Alles ist Energie. Deine Gedanken und deine Emotionen, aber auch die Luft, die du einatmest und die Wiese, an der du vorbeiläufst. Das alles ist Energie. Alles schwingt. Alles hat eine eigene Frequenz.

Verstanden? Fantastisch!

Wenn du also jeden Morgen mit einem niedrig schwingenden Gedanken wie Trauer, Wut oder fehlender Motivation in den Tag startest, wirst du genau diese Frequenz von deinem Leben gespiegelt bekommen und somit immer wieder Situationen in dein Leben ziehen, die dieser Schwingungsebene entsprechen. Logischerweise ist es somit möglich, mehr Glück und Freude in dein Leben zu ziehen, wenn du dich selbst auf dieser Frequenz der Freude, Liebe und Dankbarkeit bewegst!

2. Unsere Emotionen sind Energie

Wie schon in dem ersten universellen Lebensgesetz erklärt, wird sich dein Leben nach dem energetischen Muster ausrichten, dass du mit deinen Gedanken und Emotionen in dein Umfeld ausstrahlst.

Negative Emotionen schwingen auf einer niedrigen Frequenz. Sie sind zwar sehr kraftvoll, aber absolut nicht förderlich für unser Leben. Positive Gedanken und Emotionen schwingen in einem Königsbereich der Frequenzen. Sie lassen Dinge in unserem Leben entstehen, die uns zum Strahlen bringen.

Jede unserer Emotionen sowie unsere schon durch die niederfrequente Schwingung, körperlich teilweise krankhaft veränderten Seinszustände besitzen ebenso eine eigene Schwingung und eine eigene Frequenz:

Schmerz - von 0,1 bis 2 Hz

Angst - von 0,2 bis 2,2 Hz

Ärger/ Wut - von 0,6 bis 3,3 Hz

Entzündliche Prozesse - von 0,9 bis 3,8 Hz

Innere Unordnung - 0,6 bis 1,9 Hz

erhöhte Temperatur -0,9 Hz

Stolz -0,8 Hz

Einsamkeit - 1,5 Hz

Überlegenheitsgefühl - 1,9 Hz

Im Vergleich hierzu möchte ich dir als Beispiel die positiven Emotionen und ihre Frequenz dazu aufzeigen:

Großzügigkeit - 95 Hz

Dankbarkeit - 45 Hz

Dankbarkeit von Herzen - 140 Hz

Wertschätzung - 144 Hz und mehr.

Ganz simpel gesagt:

Der Gedanke: „Heute ist ein scheiß Tag" ist die Schwingungssteilvorlage für den Kosmos, dir genau das zurückzuspiegeln, was du aussendest.

Puh. Das war der physikalische Teil des Ganzen.

Hört sich zu verrückt an, um wahr zu sein, oder? Wenn wir jetzt noch den Gedanken an das Universum mit ins Spiel bringen, scheint es den Eindruck zu vermitteln, dass diese höhere Macht und dein damit verbundenes Schicksal ganz allein in deiner Hand liegt. Ist das nicht eine absolut fantastische Vorstellung? Kann es vielleicht wirklich so leicht sein? Wenn wir der Schöpfer unserer eigenen Realität sind, dann haben wir die Möglichkeit glücklich zu sein.

Traust du dich?

3. Das Universum ist immer auf deiner Seite.

Es würde mich nicht wundern, wenn sich dein Innerstes beim Lesen dieses Satzes, trotz meiner Bitte zu Beginn des Kapitels, immens dagegen sträubt, diese Tatsache einfach zu akzeptieren.

Ich kann es natürlich nachvollziehen das es schwer ist zu glauben, dass z.b. der Tod eines geliebten Menschen ein positives Ereignis in Bezug auf unsere persönliche spirituelle Entwicklung sein soll. Doch auch in diesem Extrembeispiel hast du immer die zwei oben erwähnten Möglichkeiten:

Natürlich wünsche ich dir, dass du nicht zu Beginn deiner spirituellen Reise mit solch einem Härtefall konfrontiert wirst. Dennoch sind häufig eben genau diese Erlebnisse wie z.b. Trennungen, Abschiede oder auch Krankheiten der Schlüssel zu einem neuen Leben.

Das Universum meint es immer gut mit dir. Du musst nur lernen richtig mit ihm zu kommunizieren.

Eigentlich ist es ganz leicht. Du musst deine Gedanken nur auf genau die Version deiner Zukunft ausrichten, die du erschaffen möchtest. Wenn du bis jetzt zu der Sorte Mensch "Ich stelle mir den Worst Case vor, dann werde ich wenigstens nicht enttäuscht" zählst, ist es höchste Eisenbahn dieses Denkverhalten ad acta zu legen. Denn wie du jetzt weißt, wirst du mit allem Recht behalten, was du denkst.

Denkst du Mist, bekommst du einen Eimer Mist. Denkst du Sonne, bekommst du einen Eimer Sonne.

Sowohl mit der Schwarzmalerei als auch mit einer positiven Lebenseinstellung wirst du Recht behalten. Solltest du deine Art und Weise zu denken, nachdem was du grade alles erfahren hast also umstellen wollen, dann mach dich trotz deiner neugewonnen positiven Einstellung darauf gefasst, dass dein innerer Schweinehund diesen plötzlichen Wandel natürlich nicht kommentarlos hinnehmen wird.

In der Regel kommt der Verstand rasend schnell um die Ecke gesaust, wenn er spürt, dass wir die Dinge auf einmal aus einer vollkommen anderen Perspektive betrachten wollen als bisher. Dass wir ausbrechen wollen aus unseren über die Jahre hinweg intensiv antrainierten und doch so gemütlichen Gedankenschleifen, die in der Regel bis zu diesem Zeitpunkt mehr Schaden als Nutzen angerichtet haben.

Sei in diesem Fall schnell genug und ertappe dich in dem richtigen Zeitpunkt, an dem sich dein rationales auf den Erfahrungen der Vergangenheit basierendes Denken wieder einschalten möchte, und schreite liebevoll ein. Es ist immens wichtig, dass du in diesem Fall direkt einmal TIEF einatmest und den Atem mindestens halb so schnell wieder aus deinem Körper hinausströmen lässt.

Werde dir darüber bewusst, dass du wieder einmal kurz davor stehst, von deinem dich unterstützenden Herzdenken in das blockierende und analytische Verstandesdenken zu rutschen.

Hast du diesen Moment erst einmal erwischt, wird es dir in Zukunft leichter fallen, im richtigen Moment die Reißleine zu ziehen und dein Bewusstsein auf das kraftvolle Herzdenken und die neue Version deiner Zukunft zu lenken.

Wir Menschen haben liebevoll ausgedrückt zwei ziemlich hartnäckige Systemfehler: Zunächst einmal denken wir ständig, dass uns jemand etwas Schlechtes will.

Des Weiteren sind wir die absoluten Cracks darin, die Verantwortung für unser Leben abzugeben. Warum zum Teufel machen wir das bloß?

Um auf diese und viele weitere Fragen eine Antwort zu finden, habe ich habe ich schon damals begonnen zu meditieren.

In Bezug auf das angesprochene Thema kam ich zu folgender Schlussfolgerung: Es ist die augenscheinlich leichteste Variante zu leben. Denn die Verantwortung abzugeben heißt, sich einfach an den Rand des Spielfeldes zu stellen und sagen zu können:

Ich habe damit nichts zu tun. Ist nicht meine Schuld. Keine Frage. Gute Option. Energiesparmodus an und schauen was passiert.

Das mag auch vielleicht in ein paar wenigen Bereichen unseres Lebens einwandfrei funktionieren und viele Menschen erfahren tatsächlich bis zu ihrem Lebensende mit dieser Art und Weise ihre Probleme zu managen ein relativ geregeltes und ruhiges Dasein. Allerdings gibt es dann noch Menschen wie dich und mich. Warum ich glaube, dass du dazu gehörst?

Würdest du dich zur Gruppe, der sich im glücklichen Opfermodus befindenden Menschen zählen, hättest du dieses Buch mit großer Wahrscheinlichkeit nicht in der Hand.

Somit möchte ich dich hier und jetzt an dieser Stelle dazu einladen etwas zu verändern:

Übernimm die Verantwortung für dein eigenes Leben, dein eigenes Glück und deine eigene Gesundheit.

Und auch wenn es für 80% der Menschen ein guter Weg ist, die Verantwortung abzugeben möchte ich es mit ein wenig Nachdruck auf den Punkt bringen:

Aber NICHT für dich in DEINEM LEBEN. Denn für DEIN LEBEN ist niemand anderes verantwortlich außer DU SELBST.

Nicht dein Chef, nicht deine Eltern, nicht deine Freunde, nicht der defekte Fernseher oder der Onkel Doktor. Nein auch nicht dein Partner. NIEMAND. Niemand in deinem Umfeld ist dafür verantwortlich, ob du glücklich oder unglücklich bist.

Ich sage das mit so viel Nachdruck, weil das die wichtigste Grundlage für ein glückliches und gesundes, aber auch erfolgreiches Leben ist!

Es ist nicht nur die wichtigste Grundlage für dein Leben. Nein, auch die Machtvollste. Mach dir doch bitte einmal bewusst, was für ein starker Mensch du sein kannst, wenn du damit beginnst, die Karten deines Glücks selbst zu mischen!

Du kannst ganz alleine über Freud oder Leid in deinem Leben entscheiden. Du kannst bestimmen, wie du die Dinge, die in deinem Umfeld passieren siehst und wie du deine persönliche Zukunftsvision danach ausrichtest. Ist das nicht einfach der Wahnsinn?

Lass uns dieses Thema aber nun mit einem motivierenden Beispiel abschließen. Stell dir einfach folgendes vor:

Die Ampel ist mal wieder rot? Sag DANKE! Gönne dir die wunderbare Verschnaufpause! Lächle und freue dich darüber das du Zeit hast, dich umzuschauen.

Frage dich gerne: Kann ich an dieser Situation denn etwas ändern, wenn ICH MICH jetzt darüber ÄRGERE?

Und ja, ich habe bewusst die Großbuchstaben bewusst gewählt: DU ärgerst DICH darüber.

Und da wären wir auch schon wieder bei der ersten Säule eines glücklichen Lebens, dem Selbstwert:

Bist du dir SELBST so wenig WERT, dass DU DICH über so eine Kleinigkeit (die du ja sowieso nicht ändern kannst) ÄRGERST und dir, ja ausschließlich DIR damit den Tag versaust?

"Wer loslässt erlebt, dass er gehalten wird"

Nachdem ich mir also viele Gedanken über meinen eigenen Wert gemacht hatte, mich aber auch mit meinem inneren Kind verbinden wollte und verstanden habe, dass ich mein Leben mit meinen Gedanken in eine Richtung lenken kann, die mir gut tut, fasste ich einen Entschluss.

Ich wollte nach den vielen Wochen des selbstwertlosen Lebens nicht mehr so weitermachen wie bisher. Ich spürte tief in meinem Inneren, dass ich raus musste aus meinem neuen und gleichzeitig destruktiven Alltag. Ich wusste, dass ich nur diese eine Chance hatte meinem inneren Impuls zu folgen.

Es war quasi mein Licht am Ende eines langen und dunklen Tunnels. Also machte ich mich in einer weiteren Mediation auf die Suche nach meiner inneren Stimme, die mir hoffentlich verraten konnte, wie ich mich am besten in die Richtung des Lichts bewegen sollte.

Solltest du dich an dieser Stelle wundern, warum ich mich zu der Meditationspraxis hingezogen fühle, möchte ich dir erzählen, dass es sich hierbei um eine meiner größten persönlichen Herausforderungen handelte.

Kennst du das Phänomen, dass du ganz genau weißt das dir eine bestimmte Handlung guttut, du es aber einfach nicht schaffst sie konsequent in dein Leben zu integrieren? Genau so stand es um mich und die Meditation.

Ich wusste schon immer, welch ein machtvolles Werkzeug sich hinter der Kraft unserer Gedanken und der Stille in einer Meditation verbirgt. Und dennoch habe ich es nicht geschafft, es regelmäßig in meinen Alltag zu integrieren.

An diesem Wendepunkt jedoch konnte ich mich dazu aufraffen mehrere Male die Stille in meinen Alltag zu integrieren und konnte der feinen inneren Stimme meiner Seele ein wenig Raum verschaffen, um mit mir zu kommunizieren. Mein Herz wünschte sich, eine Reise anzutreten. Ich träumte schon lange davon, eines Tages auf eine lange Wanderung zu gehen.

Meine Verbundenheit zur Natur wurde durch den gemeinsamen Roadtrip mit Ben noch stärker und das immense Arbeitspensum, dass ich mir selbst aufgehalst hatte, machte mir bewusst, dass es nicht meiner Natur entsprach, 16 Stunden lang in einem Raum voller schwitzender Menschen bei künstlichem Licht freiwillig eingesperrt zu sein.

Ich kann mich noch gut daran erinnern, dass ich schon einige Monate zuvor eine Wanderung geplant hatte. Ende 2017 hatte ich mich dazu entschieden, eine Reise nach Irland zu unternehmen und mit meinem Rucksack den Kerry Way zu entdecken. Allerdings machte ich einen Rückzieher, als es darum ging mich schließlich wirklich auf das große Abenteuer zu begeben. Der Flug war schon gebucht, der Rucksack gepackt, aber am Tag der Abreise blieb ich einfach im Bett liegen.

Doch heute stand es anders um mich und mein Leben und somit auch mein Entschluss fest. Ich entschied mich dafür, mit einer kleinen Tour zu beginnen. Nach einer kurzen Recherche fiel meine Entscheidung auf den Hexenstieg im nahegelegenen Harz.

Und auch, wenn ich diese Reise im ersten Moment vor allem aus dem Beweggrund geplant hatte, Ben und Ronja wieder zurück in mein Leben zu ziehen spürte ich, dass dieser Schritt ein Gamechanger für meine weitere Zukunft sein würde. Egal ob mit oder ohne die beiden.

"Komme was wolle", dachte ich mir.

"Dieses Mal wirst du keinen Rückzieher machen!"

Somit habe ich mein Vorhaben dieses Mal tatsächlich in die Tat umgesetzt. Vielleicht fragst du dich, warum gerade der Harz mich in seinen Bann gezogen hat?

Natürlich hängt es mit einer Erinnerung an meine Beziehung zusammen. Nachdem wir Ende 2018 einen kurzen Abstecher nach einem Besuch unserer Familien in den Harz gemacht hatten und ich damals schon meinte, wir müssten hier unbedingt mal einen kleinen Trip hin planen, kam mir diese Idee direkt wieder in den Kopf. Allerdings mit folgendem Unterschied: "Ich mach das jetzt einfach alleine".

"Die Beziehungen, die uns Halt geben, wurzeln in der Freiheit, dass wir einander loslassen können"

Ich habe nicht viel vorbereitet. Vor der Buchung der Übernachtungsmöglichkeiten und der Organisation meines Reiseequipments habe ich mich in typischer Steffimanier bis kurz vorher gedrückt, ein neuer Rucksack war jedoch schnell bestellt und die alten Wanderschuhe von zu Hause hatte ich vorsichtshalber auch mitgenommen, mich dann aber, wie sich später herausstellen sollte, glücklicherweise doch für meine Vivo Barefoot Hiking Schuhvariante entschieden.

Neben dem praktischen Aspekt des Tragens von Barfußschuhen auf langen Wanderung verrate ich dir auch noch meinen spirituellen Hintergedanken:

Ich hatte ja schon meine schweren Gedanken als Klotz am Bein, da brauchte ich nicht auch noch klobiges Schuhwerk;-)

Einige Tage später war mein Rucksack also gepackt, ich hatte alles beisammen und noch eine zusätzliche Tasche mit ein paar Kleinigkeiten zusammengestellt, die ich im Notfall vielleicht doch noch mit auf dem Weg nehmen wollte.

"Wir müssen von Zeit zu Zeit eine Rast einlegen und warten, bis uns unsere Seele wieder eingeholt hat"

Am frühen Morgen des 06. August 2018 ging es für mich mit dem Auto also los in Richtung Harz.

Pausenlos habe ich darüber nachgedacht, ob ich nicht doch lieber zu Hause bleiben will. Denn dort, versuchte mir mein Verstand einzureden, glaubte ich fest daran über alles, was geschieht die Kontrolle zu haben.

Mich überkam des Öfteren eine unfassbare Angst bei dem Gedanken daran wegzufahren von dem Ort, an dem er immer wieder hätte auftauchen können. Ich vertiefte mich fast die gesamte Autofahrt in den krankhaften Gedankenspiralen über das Alleinsein.

Um mich schließlich abzulenken und mich von meinem Denken zu befreien habe immer wieder Sprachmemos aufgenommen. Es war in diesem Moment meine größte Stütze, mir meine Gedanken von der Seele zu sprechen und nicht meine Freunde damit belasten zu müssen. Wenn ich mir jetzt im Nachhinein diese Sprachmemos anhöre, kann ich nur liebevoll genervt die Augen verdrehen. Ich habe ein so mächtiges Werkzeug wie meine Gedanken so dermaßen destruktiv missbraucht, das mir fast schlecht wird.

Ich habe mich wieder einmal in der Vision meiner Zukunft gesuhlt, wie schlimm es sein wird, diese Reise alleine anzutreten und mir den Kopf darüber zerbrochen, was mir doch alles fehlt anstatt für die Dinge dankbar zu sein, die mein Leben zu etwas Besonderem machen. Ich setzte meinen Körper durch diese Gedankenspiele einer dauerhaften „Kampf oder Flucht" Situation aus.

Da ich mich Ben gegenüber also immer noch in einer starken Abhängigkeit befand und absolut keinen Weg aus meinem Unglück sah, setzte ich an diesem Tag noch einen drauf. Um die Bande zwischen uns nicht lösen zu müssen, habe ich einen Abstecher nach Magdeburg gemacht.

Um dem Bild der ehemals perfekten Schwiegertochter gerecht zu bleiben habe ich Kuchen bei unserem ehemaligen Lieblingsbäcker besorgt und bin anschließend spontan auf einen Kaffee bei Bens Mutter eingeflogen. Ich bin dem typischen Ex Freundinnen Fehler zum Opfer geworden. Ich habe versucht, über die Mutter etwas zu erreichen, was absolut nicht möglich ist.

Es ist weder fair noch effektiv.

Ich vermute, dass ihr diese Besuche noch schwerer fielen als mir, aber meine innere Hilflosigkeit hat mich in diesen Momenten einfach nicht losgelassen. Wir unterhielten uns also zum wiederholten Mal über ihren Sohn, über seine Probleme und meine damit verbundenen Sorgen. Nachdem der Kuchen aufgegessen, die Tasse Kaffee kalt war und ich schließlich alles gesagt hatte, was sie eh schon wusste, verabschiedete ich mich von der mir ans Herz gewachsenen Umgebung und meiner ehemaligen Schwiegermutter, um meine Reise nun endgültig anzutreten.

Als ich schließlich wieder in meinem Auto saß, drehten sich meine Gedanken bis zum Kollabieren in einem Hamsterrad.

„Ich will nach diesem Besuch einfach wieder nach Hause fahren, mich auf die Couch legen, mich einigeln und warten bis ich aus diesem Alptraum aufwache", sprach ich mit tränenerfüllter Stimme in meine Handymemo.

Was aber geschah in diesem Moment mit mir und meinem Seinszustand? Ganz einfach: Ich gab erneut all meine Macht ab und suggerierte meinen Zellen:

„Ich will das so nicht mehr."

Es ist erschreckend, wie sehr wir uns von einem Gedankenkarussell in Gefangenschaft nehmen lassen, dass seine zerstörerische Kraft unkontrolliert und exponentiell steigert. Wieder auf der Autobahn angekommen fuhr ich zielstrebig weiter. Einige Minuten nachdem ich es dann doch geschafft hatte mich einigermaßen aus diesem Gedankenstrudel zu befreien, änderte ich meine Sichtweise auf die aktuelle Situation und notierte mir einen wunderschönen Augenblick.

„Wenn man von der A7 Richtung Harz schaut, sieht man förmlich schon die Freiheit. Du siehst die Felder, du siehst die Wälder, du siehst in diesem Moment, um 16.33 Uhr, wie die Sonne zwar leider hinter ein paar Wolken verschwindet, aber so die Strahlen auf die Landschaft fallen, dass es einfach aussieht wie gemalt. Als wäre es das Licht, in das man hineinlaufen möchte, um endlich frei zu sein."

Nachdem ich mich von dieser wunderschönen Szene verabschiedet hatte, fuhr ich die letzten Kilometer Richtung Osterode, wo ich gegen 19 Uhr im Gasthaus meine Unterkunft bezog, bevor es am nächsten Tag offiziell auf Wanderung gehen sollte. Es war unfassbar ungewohnt für mich, all diese Momente zu erleben, ohne sie mit den beiden teilen zu können.

Als ich meinen Schlüssel erhielt und mich auf dem Weg in Richtung Zimmer die enge und hölzerne Treppe hinauf schleppte, fühlte ich mich trotz des vor mir liegenden Abenteuers kalt und leer. Ich öffnete meine Zimmertür und wie als hätte der Teufel hinter der Tür auf mich gewartet überkamen mich krampfartig die Tränen. Ich sah mich um und mir schoss so plötzlich das Wasser in die Augen, dass ich mich noch nicht einmal mehr mit einem Taschentuch bewaffnen konnte.

Es war so unfassbar präsent. Das Gefühl, wie es sein würde, wenn wir gemeinsam dieses Zimmer betreten hätten. Wie wir uns hätten auf das Bett fallen lassen und Ronja hinter uns her gesprungen wäre.

Noch in meinen Gedanken gefangen, wandte ich mich zu dem einzigen Fenster des Zimmers um und wagte ein Blick hinaus. Der Ausblick überraschte mich mit einer atemberaubenden Schönheit und riss mich für einen kurzen Moment aus meiner Lethargie.

Ich konnte hinter den Häusern die ersten Steilklippen erblicken sowie tief verwurzelte Bäume, den Rauch aus den Kaminen steigen sehen und die untergehende Sonne beobachten. Auch wenn ich alles nur hinter dem Schleier meiner Tränen wahrnahm, zeigte sich mir die Welt in diesem Moment von ihrer schönsten Seite.

KAPITEL 3

Dienstag, der 06/08/2019 37520 Osterode Lasfeld

Ich bin angekommen - in Herberge Nr.1 - Zimmer 5 , zweiter Stock ganz hinten am Ende des Ganges links. Ich fühle mich allerdings unvollständig.

Was mir fehlt? Alles.

Das Bett aus dem warmen Eichenholz ist nur auf einer Seite bezogen. Das würde sich wohl nur halb so schlimm anfühlen, wenn zu Hause auf beiden Seiten des Schlafzimmerbettes eine Decke liegen würde. Der erste Gedanke, der mir in den Sinn kam, nachdem ich meinen Rucksack abgestellt und das Bad benutzt hatte, um mir schlussendlich doch mit einem Stück Toilettenpapier die Tränen aus dem Gesicht zu wischen, war:

"Was würden wir jetzt machen, wenn wir hier zu dritt wären?"

Ich folterte mich mit meinem hübsch einstudierten Gedankenkarussell. Und selbst wenn er aus zeitlichen Gründen nicht mit mir auf die Reise hätte gehen können und ich den Trip hätte allein machen müssen, wären wir jetzt am Telefonieren und würden die unglaublich spannende Erfahrung miteinander teilen.

Den Hund hätte ich natürlich mitgenommen und meine gesamte Wanderung so geplant, dass sie mir auf Schritt und Tritt hätte folgen können. Ich hätte das, was ich heute Abend noch vorhatte, wirklich genossen. Du merkst es schon beim Lesen:

Hätte, hätte - Fahrradkette.

Diese Gedanken brachten mich natürlich keinen Schritt weiter. Der Nebel zog sich dank meiner vorbildlich destruktiven Zuarbeit immer weiter über mein Herz und lies mein Fühlen grau und trist erscheinen. Verrückt, dass man das Erleben einzigartiger und wunderschöner Momente so sehr von einer anderen Person abhängig machen kann, nicht wahr? Das selbst solch seelenschmeichelnde Dinge wie im Biergarten sitzen, spazieren gehen und den Abend genießen erst einen wahren Wert erhalten, wenn man es mit dieser einen anderen Person teilen kann. In mir entstand das drückende Gefühl, dass sich wirklich all das Glück im Leben erst dann verdoppelt, wenn man es teilt. Ich weiß, es ist traurig auf diese Art und Weise zu denken.

Aber wenn man über Jahre hinweg in dem "ich suche Liebe und Glück im Außen"-Modus gefangen ist, ist es schwer zu verstehen, dass es das größte Geschenk sein kann die Zeit mit sich selbst zu genießen. Wenn dieser eine Mensch, auf den wir uns über Jahre hinweg so unbarmherzig fixiert haben dann aber eines Tages aus unserem bequemen "Anti Selbstliebe"-System wegfällt, fühlt es sich an wie eine FDH Diät.

Nach dem ersten Schock, wie tief ich mich in diesen Sehnsuchtsstrudel habe fallen lassen, brachte ich meine Aufmerksamkeit zurück in das Hier und Jetzt, rappelte mich entschlossen auf und entschied mich für einen kurzen Spaziergang durch den kleinen Ort.

Die Gegend nicht zu erkunden, würde ich mir später zum Vorwurf machen und somit schnappte ich mir, ohne weiter darüber nachzudenken meine Jacke, schlüpfte in meine Turnschuhe und verließ das Zimmer. Als ich vor die Tür meiner Pension trat und sie vorsichtig hinter mir zuziehen wollte, hielt ich einen Moment inne, um die frische Luft tief in meine Lungen einzuatmen.

Es begrüßte mich ein idyllischer kleiner Vorort von Osterode in der Abenddämmerung. Es duftete nach der warmen Sommerluft, die man sonst nur aus den Bergen kannte. Als ich mich auf den Weg querfeldein die Straßen entlang durch das Dorf aufmachte, bewunderte ich die zahlreichen liebevoll gestalteten Hausfassaden. Die Liebe, die hier in jedes Haus gesteckt wurde, war überwältigend. Fast aus jedem Vorgarten leuchtete mir ein Meer aus einer kunterbunten Mischung Blumenblüten entgegen und die Hausfassaden strahlten in den wunderbarsten Farben.

"Glückliche Menschen haben es nicht eilig"

Im Anschluss an meine kleine Entdeckungstour im Dorf, wagte ich noch einen Blick in das Restaurant der Pension. Nachdem ich erst einmal den belebenden Duft der untergehenden Sommersonne in der Nase erhascht hatte, war es mir nicht mehr wichtig, so schnell wie nur möglich zurück auf mein Zimmer zu gehen, um die Nachtruhe einzuläuten.

Also entschied ich mich dafür, noch ein wenig die untergehende Abendsonne zu genießen. Ich zog meinen Zimmerschlüssel aus der Jackentasche, huschte noch einmal schnell den dunklen Flur entlang auf mein Zimmer, schnappte mir mein Tagebuch und öffnete schließlich die Tür der Gaststätte. Als einzige Besucherin setzte ich mich draußen auf die Terrasse an einen Tisch, von dem aus ich den Sonnenuntergang hinter den Steilklippen beobachten konnte.

Nachdem der Wirt meine Bestellung aufgenommen hatte und ich mit meinem Stift vor der noch leeren Seite des offenen Tagebuchs saß, kamen mir im ersten Moment vor allem zweifelnde Gedanken.

Ich nahm einen ersten großen Schluck meines gekühlten Getränks und versuchte den Moment zu genießen. Trotz des gemütlichen Ambientes fing sich das Gedankenkarussell an zu drehen:

„Ob ich nicht eigentlich froh sein kann, meinen Weg allein weitergehen zu dürfen?", fragte ich mich im Stillen.

"Hätte mich die Last, die ich wie einen schlecht gepackten Rucksack mit mir tragen musste, nicht nach und nach aufgefressen?", schweigend saß ich an meinem Tisch und schaute für einen kurzen Moment der untergehenden Sonne hinterher.

"Fakt ist, die Welt hat für mich einen Teil ihrer Farbe verloren. Alles, was ich entdecke und wahrnehme hat weniger von diesem seidigen Schimmer als vorher. Ob es nun Ronja war, die mit mir Geheimniswege erschnüffelt hat oder Ben, mit dem ich die Entdeckung teilen konnte. Wenn ich an unsere gemeinsamen Ausflüge denke, scheint alles zu leuchten. Um jede Erinnerung herum bildet sich ein zarter glitzernder Schimmer. Und obwohl dieses Leuchten solch eine Kraft besitzt, wird sein Strahlen durch den Schleier meiner Tränen blockiert."

Just in diesem Moment riss die tiefe Stimme des Wirtes mich aus meinen Gedanken:

"Alles gut bei Ihnen?"

Ich nickte stumm, bis er sich mit einem liebevollen Lächeln wieder von mir abwandte.

Doch war wirklich alles gut bei mir? Betrachten wir nur diesen einen Moment, wie ich mit meinem kühlen Getränk in der Gaststätte sitze, hätte ich einfach mit einem Ja geantwortet, denn in diesem Moment, hier und jetzt, wenn ich den Verstand abschalte und einfach nur in mich hinein spüre, hätte es mir nicht besser gehen können. Ich nahm endlich wieder mein Leben in die Hand, gönnte mir eine Reise, die ich mir schon so oder so ähnlich seit Jahren wünschte und nutzte meine neu gewonnene Unabhängigkeit, um mir einen kleinen Traum zu erfüllen.

DIE SACHE MIT DEM BLAUBEERMUFFIN

"Rede nur, wenn du gefragt wirst, aber lebe so, dass man dich fragt"

Doch trotz dieses kurzen Momentes der vollkommenen Zufriedenheit, schlich sich rasch wieder der routinierte und an mir nagende Selbstzweifel ein.

Nachdem ich also den letzten Schluck meines mittlerweile lauwarmen Getränks genossen hatte, klappte ich mein Tagebuch, in dem ich die Eindrücke des ersten Tages festgehalten hatte, zu und verließ mit leisen Schritten die Gaststätte. Auf dem Weg Richtung Zimmer spürte ich förmlich, wie ich mich Schritt für Schritt vorwärts quälen musste, weil die Last meiner Gedanken unmerklich zunahm.

Ich fühlte mich unvollkommen.

Und das war eines der grundlegenden Probleme in meinem Leben. Ich dachte tatsächlich, ich sei nicht ganz. Ich glaubte fest daran, ich hätte einen Mangel. Ein großes schwarzes Loch in meinem Bauch, dass ich immer wieder versucht habe mit Chips, Bühnenauftritten, Pommes und Sex zu stopfen. Niemals wäre ich auf die Idee gekommen, dass ich in diesem Moment der Schöpfer meiner Realität wäre und die einfache Entscheidung für ein glückliches Leben ganz allein treffen darf, indem ich mir die Frage stelle:

"Will ich glücklich oder traurig sein?"

Anstatt diese Verantwortung für mein Leben zu übernehmen, habe ich mich im wahrsten Sinne des Wortes mit dem ausgestreckten Zeigefinger vor meine Freunde gestellt und gesagt:

"Du machst mich jetzt glücklich, und wenn du das nicht schaffst, gehe ich zugrunde und du bist schuld daran."

Ich habe meine ganze Verantwortung für mich und meine Zufriedenheit abgegeben und mich wie einen herrenlosen Hund, den man auf der Autobahn aussetzt, im Regen stehen lassen. Auch von Ben habe ich erwartet, dass er mein Schlüssel zum Glück ist.

Dieser erste Abend hat mir deutlich gezeigt, mit welchen tiefsitzenden Glaubenssätzen ich es hier zu tun hatte:

- "So wie du bist, reichst du nicht."
- „Alleine bist du nichts wert"
- „Du kannst nicht glücklich sein, wenn du alleine bist"
- „Du brauchst doch jemanden, mit dem du dich ablenken kannst"
- „Das, was du erlebst, hat keinen Wert, wenn du es nicht mit deinem Mann teilen kannst"
- „Die Welt ist nicht schön"

Im Laufe der vergangenen Monate habe ich für dieses Gefühl einen wunderschönen Vergleich gefunden: Stell dir vor ich bin ein Muffin. Ein Muffin mit einer Blaubeerfüllung.

Bis zu dem Zeitpunkt meiner Trennung dachte ich jedenfalls, dass es so wäre. Ich war der Teig und Ben mit Ronja die Blaubeerfüllung.

Jetzt nehmen wir die Füllung weg. Was bleibt dann noch übrig? Richtig, ein in sich selbst zerbröselnder, trockener Teig.

Das bin ich.

Und somit lag ich quasi seit der Trennung in Form von kleinen Teigbröseln auf dem Teller. Von der Sahne auf dem Blaubeermuffin mal ganz zu schweigen, die jetzt über mich schwappt wie ein undurchdringbarer Nebel.

So habe ich mich gefühlt. Und auch wenn ich an diesem Tag nicht viel geschafft habe, außer spazieren zu gehen und meinen Gedanken nachzuhängen, habe ich einen festen Entschluss gefasst:

Ich werde zu dem besten Blaubeermuffin den man jemals gegessen hat. Ich bin der saftigste Teig und die fruchtigste Füllung auf der gesamten Welt.

Und dann, wenn es so weit sein sollte, kann gerne jemand kommen und aus mir, mit einem tollen Topping, einen Cupcake machen.

Aber glaub mir, auch ohne Topping werde ich noch fabelhaft schmecken.Und das Wichtigste ist:

Ich werde nie wieder in mir zusammenfallen. Mit diesem Gedanken im Herzen zog ich meine Schlafsachen an, huschte schnell unter die frisch bezogene Bettdecke und schloss an diesem Abend die Augen um innerhalb weniger tiefer Atemzüge mit diesem Bild von mir als prall gefüllter Blaubeermuffin ins Land der Träume zu reisen.

"Sorge für dich,
als wärst du die Liebe deines Lebens"

MITTWOCH, DER 07/08/2019

Von Osterode nach Buntenbock 12 km

38678 Clausthal Zellerfeld

Ich weiß noch, wie ich viel zu früh an diesem Morgen wach geworden bin. Dabei hätte ich die Zeit in dem kuscheligen und warmen Bett einfach noch ein wenig länger genießen können.

Ich würde mich wohl niemals an das dumpfe Gefühl im Bauch gewöhnen können, dass mich immer noch jeden Morgen begrüßte, um mich daran zu erinnern, dass irgendetwas nicht in Ordnung war.

Als würde dein Liebeskummer freudestrahlend die Tür aufreißen und dir laut ins Gesicht brüllen:

"Hey! Good Morning Sunshine! Ich bin wieder da und habe ganz viele tolle alte Erinnerungen für dich im Gepäck. Hab extra eine rote Schleife um den Koffer gebunden damit du weißt, dass ich auch wirklich noch lange bei dir bleiben möchte".

Na ganz große Klasse, vielen Dank dafür. Bis zu diesem Zeitpunkt hatte ich es leider noch nicht wirklich in den Griff bekommen, den morgendlichen dunklen Sumpf in der Herzgegend vollständig in etwas Sonniges und Warmes zu verwandeln. In diesen Momenten fühlte ich mich den Erinnerungen einfach hilflos ausgeliefert.

Der frühe Morgen war für mich schon immer eine besonders magische Zeit. Durch meine Hochsensibilität nehme ich gewisse Energien in meinem Umfeld intensiver wahr als manch anderer.

Und ganz unter uns, habe ich das Gefühl das am frühen Morgen, in den noch jungfräulichen Momenten des Erwachens, in denen der Verstand noch schläft und nur unser Herz wach zu sein scheint, die tiefsten Gefühle in mir aufkommen.

Wir könnten wohl sehr gut mit ihnen in eine positive Resonanz gehen wenn wir uns nicht just in diesem Moment, wo wir uns darüber bewusst werden den Verstand erwachen lassen und er uns rüpelhaft in das zarte Empfinden hineingrätscht.

"Deine Freiheit beginnt mit der Bereitschaft, alleine zu sein"

Doch die Wahrheit ist: wir haben jeden Morgen eine Wahl.

Wir können uns jedes Mal aufs Neue dafür entscheiden, ob wir uns entweder in den Sumpf des in der Vergangenheit lebenden Verstandes ziehen lassen oder ob wir mit einem Lächeln auf dem Gesicht aufstehen und einige Stunden unserer kostbaren Lebenszeit an diesem Tag einer Sache widmen, die unser Herz höherschlagen lässt.

Und damit meine ich nicht: Aufstehen, anziehen und zur Arbeit fahren. Sondern eine Sache, die du mit dir selbst für dich aus voller Liebe zu dir heraus vereinbart hast. Eine Sache, die dich vielleicht an deine Kindheit erinnert oder etwas, dass dir eine Gänsehaut bereitet oder einfach nur eine Sache, die dafür sorgt, dass du die Zeit vergisst und nur im Hier und Jetzt lebst. Denn wenn ich in dem "Early Bird" Sumpf der Gedanken eine Sache lernen durfte ist es, dass neben der Selbstliebe das Selbstvertrauen an höchster Stelle steht.

SÄULE 3: SELBSTVERTRAUEN

"Fürchte dich nicht vor langsamen Veränderungen. Fürchte dich vor Stillstand"

Selbstvertrauen.

Das ist der Inhalt der dritten Säule die ich als unumstößlich wichtig für eine ganzheitlich gesunde Körper - Seelen Balance empfinde.

Denn ohne das Vertrauen in dich selbst, brauchst du gar nicht erst anfangen deine Träume verwirklichen zu wollen.

Stelle dir nur für einen kurzen Moment die Frage, warum dir andere Menschen vertrauen sollten, wenn du dir selbst noch nicht einmal vertraust?

Meiner Meinung nach verbinden wir den Ausdruck "Selbstvertrauen" in der westlichen Welt mit einer leicht verdrehten Wahrheit. Häufig verbindet man das Wort mit der Attitüde, die ein von sich selbst überzeugter Mensch nach außen hin präsentiert.

Wir verbinden dieses Wort mit jemandem, der voller Vertrauen in sich selbst und seine Ausstrahlung einen Raum betritt, oder dem Chef einfach mal ordentlich die Meinung geigt. Mit einer Person, die voller Selbstvertrauen auf einer Bühne stehen kann oder in einer Karaokebar einen Song performt.

In dieser Hinsicht ist die Interpretation des Wortes sehr eng mit dem Selbstbewusstsein verbunden. Leider sind genau dies jedoch genau NICHT die Dinge, die das wirkliche "Selbst" vertrauen ausmachen.

Selbstvertrauen bedeutet so viel mehr als nur den scheinbar starken und extrovertierten Charakter im Außen zu verkörpern. Betrachten wir dieses Wort einmal genauer, erkennen wir schnell, was ich damit zum Ausdruck bringen möchte.

"Selbst" und "Vertrauen" Dieses, uns doch eigentlich so gut bekannte, Wort stellt uns also die Frage:

"Kannst du dir selbst vertrauen?"

Damit ist natürlich nicht der Moment gemeint, indem du sicher eine Straße überquerst oder ganz genau weißt, dass du gelernt hast, eine Kartoffel nur gekocht und nicht roh zu essen.

Es umschreibt viel mehr den Moment, in dem du dir etwas vornimmst und es auch wirklich durchziehst. Das persönliche Paradebeispiel aus meinem Leben handelt mal wieder von dem folgenden Thema: Die Meditation.

Wie du mittlerweile weißt, habe ich mir oft vorgenommen, täglich wenigstens zehn Minuten Zeit in die Meditationspraxis zu investieren. Einfach, weil ich es mir selbst wert bin. Was ist aber passiert? In 90 % der Fälle habe ich mich selbst versetzt, mein Vertrauen in mich selbst missbraucht und mich mit anderen Dingen beschäftigt, um mir und meinen inneren Baustellen aus dem Weg zu gehen.

Ich habe mich zu oft nicht an die mit mir selbst verabredeten Vorhaben gehalten habe.

Das klingt mit Sicherheit im ersten Moment einfach nur kurios, ist aber ein wirklich großer Fehler, den wir immer wieder aufs Neue uns selbst gegenüber begehen. Gibt es in deinem Leben auch Momente, in denen du dich nicht an die mit dir vereinbarte Verabredung gehalten hast? Wie fühlt es sich für dich an, wenn du dir vorstellst, dass dich deine beste Freundin oder dein Partner immer wieder versetzen würde?

Auch hier kann man einen wundervollen Umkehrschluss zu der zweiten Säule, dem Inneren Kind, ziehen. Stell dir mal vor, wie sehr sich dieser Teil deiner Seele darauf freut wenn du dir vornimmst, endlich mal wieder einen Tag am See zu verbringen oder einfach nur mit einem Buch auf der Couch rumzulümmeln. Oder wie sehr es sich freut zum Klavierunterricht zu gehen und etwas Neues zu lernen.

Doch immer wieder sagst du ab. Lässt dein inneres Kind im Regen stehen. Lässt dich im Regen stehen. Missbrauchst dein Vertrauen zu dir selbst.

Als Folge dieses Verhaltens uns selbst gegenüber hat nicht mehr nur unsere Seele kein Vertrauen mehr in unsere Versprechen, sondern auch unser Körper verliert nach und nach sein stabiles Gerüst. Entscheiden wir uns beispielsweise für eine Ernährungsumstellung, geben wir unserem Körper im ersten Moment das Gefühl, es hätte in unserem Verstand endlich klick gemacht und wir wüssten jetzt genau was uns wirklich guttut.

Eine Woche später jedoch stopfen wir wieder den gleichen Mist in uns hinein wie vorher. Kannst du nachvollziehen, was ich meine?

Stell dir auch deinen Körper gerne wie ein kleines, voller Hoffnung strahlendes Kind vor, dem du immer wieder versprichst mit ihm ans Meer zu ziehen, aber nach jedem Urlaub, den ihr dort gemeinsam verbracht habt zu ihm sagst, dass es diesmal leider noch nicht so weit ist, du müsstest erst noch deine anderen Verpflichtungen erfüllen. Aus der persönlichen Erfahrung heraus weiß ich, wie sich das anfühlt. Der Moment, in dem du dir fest vornimmst, ab sofort jeden Morgen deinem Körper zu liebe ein Glas warmes Zitronenwasser zu trinken, dir selbst in vollem Vertrauen das Versprechen gibst, dass es ab jetzt ein Hand in Hand mit deinem Körper sein wird und du nach 3 Tagen schon wieder die Flinte ins Korn wirfst. Kommt dir das vielleicht irgendwie bekannt vor?

Gibt es auch in deinem Leben Momente, in denen du dir ein Versprechen gegeben hast und es nach wenigen Tagen brechen musstest?

Es gibt so viele Augenblicke in unserem Leben, wo wir Profi darin sind zu veranschaulichen mit welchen Methoden wir tagtäglich dafür sorgen, dass wir uns auf kurz oder lang selbst nicht mehr vertrauen können.

Vor allem geschieht es häufig dann, wenn wir zu etwas Ja sagen, obwohl in unserem Herzen alles laut "NEIN" schreit.

Das Wort "Selbstvertrauen" ist somit für jeden immer wieder eine ganz eigene Auslegungssache. Wenn ich auf der Bühne stehe, singe und tanze oder vor meinen Teilnehmern im Kursraum die hochmotivierte Groupfitnesstrainerin präsentiere, strotze ich nur so vor dem in unserer Gesellschaft anerkannten Bild des Selbstvertrauens. In den letzten Wochen habe ich in diesem Wort, wie zu Beginn schon erklärt, allerdings einen völlig neuen Wert entdeckt. Ich habe mir selbst aus diesem Grund in den vergangenen Tagen immer wieder die folgenden Fragen gestellt, um mein Verhalten mir selbst gegenüber zu reflektieren:

- Kannst du dir selbst Vertrauen? Hältst du dich an die Dinge, die du dir vornimmst?

- Wie oft lässt du dich selbst hängen? Findest Ausreden für deine Ideen die du in diesem einen Moment doch so gerne umsetzen wolltest?

- Du warst so oft enttäuscht von Ben, da er Dinge vergessen hat, die für dich scheinbar so wichtig waren - wie oft war er eigentlich nur dein Spiegel und hat dir gezeigt wie sehr du eigentlich von dir selbst enttäuscht warst, weil du dich selbst mal wieder vergessen hast?

- Wie kannst du glauben, dass ein anderer Mensch dir etwas geben kann, wozu du noch nicht einmal im Stande bist es dir selbst zu geben? Wie soll ein Mensch dir Vertrauen spiegeln, wenn du es nicht aussendest, indem du es lebst?

Nimm dir gerne einfach einen Moment Zeit, dir die Fragen durch den Kopf gehen zu lassen und sie für dich zu beantworten. Aus dem Herzen heraus. Es ist oft nicht leicht, mit sich selbst so ehrlich ins Gericht zu gehen, wenn man bisher mehr oder weniger einfach nur vor sich hin und in den Tag hineingelebt hat.

Solltest du auch nur eine Frage davon in deinem Inneren mit „Nein" beantworten können:

Herzlichen Glückwunsch!

Du hast nicht nur einen Wachstumstopf gewonnen, sondern auch einen Grund weniger, den Menschen in deinem Umfeld die Schuld daran zu geben, dass es dir schlecht geht. Das Erschreckende ist und bleibt jedoch, dass all dieses Wissen mich in meinem morgendlichen Zustand nicht zu 100% ins Glück führen konnte.

"Erst angewandtes Wissen ist die wahre Form der Weisheit."

Es ist zwar längst nicht mehr so schlimm wie an diesem Tag im August, aber ein tiefes Schnaufen aus der Herzgegend, wenn ich einen Blick auf mein Bett und anschließend aus dem Fenster auf den Parkplatz werfe kann sich meine Seele einfach nicht verkneifen.

Doch warum hadern wir immer wieder mit dem Vertrauen in uns selbst?

Schlussendlich ist es ganz simpel. Wir haben so ein großes Team innerer Zweifler und Kritiker in uns großgezogen, dass es an der Zeit ist, ihnen mutig ins Gesicht zu schauen und laut zu sagen:

"Ich sehe dich"

anstatt sie immer nur zu unterdrücken und uns unbewusst von ihnen das Vertrauen in uns selbst manipuliere zu lassen. Es ist wichtig, dass wir diesen kritischen Anteilen in uns von Zeit zu Zeit die Stirn bieten und sie durch den Prozess des aktiven Wahrnehmens immer kleiner und kleiner werden lassen.

Wenn es auch bei dir einen Moment geben sollte, indem du dich nicht dazu bewegen kannst aus dem Bett aufzustehen oder ein Herzensprojekt in Angriff zu nehmen, dann nimm dir bewusst einen Moment Zeit um hinzuschauen. Setz dich aufrecht hin, schließe die Augen, nimm drei tiefe Atemzüge in dein Herz hinein und beobachte dieses Gefühl. Denn häufig wissen wir gar nicht, welches wahre Gefühl sich hinter dieser innerlichen Schwere versteckt. Nimm dir die Zeit, hol dich zurück ins Hier und Jetzt und versuche das Gefühl hinter deinem Ego zu erkennen. Schau ihm in die Augen, beobachte es und sage möglicherweise:

"Hilflosigkeit, ich sehe dich".

Du wirst spüren, wie es dich erleichtert, wenn du dem dir innewohnenden Kritiker in die Augen schaust, deiner Seele das nötige Vertrauen schenkst und du außerdem dazu bereit bist, Seite an Seite mit ihr zu arbeiten.

"Erlaube dir dich so oft zu verändern, wie es braucht, um glücklich und frei zu sein"

Kommen wir nun abschließend wieder zurück zu dem Thema Selbstvertrauen.

Es gibt immer etwas, dass du tun kannst, um deinen Lernprozess liebevoll voranzutreiben. In meinem Fall kannst du dir diese, immer wiederkehrende und selbst manipulierende, Situation wie folgt vorstellen:

Mein Schwingungsbarometer schlägt zum Nachmittag hin weiter in den grünen Bereich aus und ich habe großartige Ideen, die ich am nächsten Tag in die Tat umsetzen möchte. Vor allem wenn ich morgens Zeit habe, am besten direkt nach dem Aufstehen, denn dann bleibt nicht so viel Zeit um in meinem Urschleim der Vergangenheit stecken zu bleiben.

Auch hier ist die Meditation, wie zu Beginn schon erwähnt, das beste Beispiel. Drei Mal darfst du raten, was aus diesem Vorhaben geworden ist: Nichts. Korrekt.

Ich habe es mir immer wieder selbst versprochen, habe es in der Tat den ein oder anderen Tag geschafft und bin mir dann mit allerlei Ausreden wieder selbst in den Rücken gefallen. Dies ist aber nur ein Beispiel von vielen.

Vielleicht kommt dir das ein oder andere ja bekannt vor: Jeden Tag 3 Flaschen Wasser trinken, Tagebuch schreiben, morgens meine Traumtagebuch führen, am Abend 7 Dinge notieren, für die ich dankbar bin, die Wohnung vor dem zu Bett gehen aufräumen, täglich einen Fragebogen für mein Studium ausfüllen, ein Buch schreiben, eine Decke stricken, Klavier spielen lernen, morgens direkt nach dem Aufwachen lachen.

Während ich mich noch in der Beziehung mit Ben befand, hatte ich noch viele weitere Dinge, die ich mir vorgenommen hatte und von denen ich wusste, dass sie unserem Zusammenleben unfassbar guttun würden: Küsse ihn, wenn du ihn siehst, meckere nicht wenn er nach Hause kommt, lächle ihn an und nimm ihn in den Arm wenn du merkst du wirst wütend, berühre ihn morgens direkt nach dem Aufwachen, sage „Ich liebe dich" vor dem zu Bett gehen.

"Denn du weißt nie, wie es am nächsten Tag weiter geht"

Und weißt du was? NICHT EINE SACHE habe ich davon kontinuierlich umgesetzt. Nicht eine Einzige.

Und so wie ich das jetzt schwarz auf weiß auf Papier bringe tut es mir im Herzen weh. Ich sehe förmlich mein inneres Kind mit müden Augen leise murmelnd vor mir stehen:

„Na siehst du? Und du fragst dich wirklich noch, warum ich mich so allein gelassen fühle und ständig versuche jemand anderes zu finden, der sich an die Versprechen hält, die er mir gegeben hat?"

Während ich diese Sätze schreibe, sammeln sich die Tränen in meinen Augen. Es tut mir so unfassbar leid, dass ich mich selbst so im Stich gelassen habe. Das dieser Anteil in mir, mein inneres Kind, sich aus reinem Selbstschutz so weit von mir entfernt hat. Aus Angst vor dem Schmerz. Dass es sich lieber die ganzen Männer in sein Leben gezogen hat, in der Hoffnung dort auf das Vertrauen, die Liebe und die Wertschätzung zu stoßen, die ich ihm jahrelang verwehrt habe.

Nachdem wir uns nun sehr lange mit dem Thema Selbstvertrauen beschäftigt haben, hoffe ich, dass ich dir den Sinn dieser wertvollen und mächtigen dritten Säule ein wenig näherbringen konnte. Hier noch einmal von Herzen für dich zusammengefasst:

- Handle so, dass du dir selbst vertrauen kannst.
- Halte dich an das Wort, dass du dir gibst.
- Wenn du dir vornimmst, morgens ein Glas Wasser zu trinken. Mach es verdammt nochmal!
- Wenn du dir vornimmst, jeden Morgen einen Spaziergang zu machen. Mach es verdammt nochmal!
- Wenn du dir vornimmst, jeden Abend, vor dem zu Bett gehen in deinem Buch zu lesen. Mach es verdammt nochmal.
- Wenn du dir vornimmst, einen Tag lang jedem Menschen, der Dir begegnet ein Lächeln zu schenken. Mach es verdammt nochmal!

Denn glaub mir, wenn dein Unterbewusstsein merkt, dass es dir wieder vertrauen kann, wartet in deiner Außenwelt Gigantisches auf dich.

Aber sei dennoch auf der Hut. Stell dich darauf ein, dass dein Ego immer mal wieder um die Ecke kommen wird und dir ein Strich durch die Rechnung machen möchte.

Wir haben unseren Verstand so lange darauf trainiert, so zu handeln wie er es nun gerade einmal tut, dass es nun an uns ist ihm liebevoll mitzuteilen:

"Verstand, ich sehe dich. Du wolltest lange Zeit nur das Beste für mich. Ich gönne dir jetzt eine Pause - jetzt folge ich meinem Herzen"

Wenn du dir jetzt sagst:

"Okay, daran möchte ich arbeiten",

möchte ich dir mit der folgenden Aussage nicht den Mut nehmen, fühle mich aber dazu verpflichtet dich zu warnen: Es wird schlimmer.

Nachdem dich dein Ego, oder im allgemeinen Leumund auch als "der innere Schweinehund" bekannt, zu Anfang nicht wirklich ernst nimmt, wird es dir nach nur wenigen Wochen konsequenter Selbstvertrauensarbeit immer offensiver in die Quere kommen. Zu Beginn deiner Verhaltensänderung denkt dein Ego sich noch ungefähr folgendes:

"Ach Mäuschen, du hast eh keine Chance, hältst dich doch wieder nicht an das, was du dir vornimmst".

Aber je öfter du es schaffst, in vollem Vertrauen zu dir selbst, dauerhaft die Dinge umzusetzen, die du dir vorgenommen hast, wird dein Ego penetranter und teuflischer werden. Je deutlicher es zu spüren bekommt, dass du es ernst meinst und je öfter es wahrnimmt, dass es ihm gerade um Kopf und Kragen, desto intriganter und hinterlistiger wird es in Erscheinung treten. Mach dich bitte einfach nur darauf gefasst. Es wird sich an dich klammern, wie ein Ertrinkender dem es egal ist, ob du mit über Bord gehst, solange er sich später wieder zurück auf das Schiff hangeln kann. Abschließend möchte ich dir noch einmal sagen:

MACH ES. Egal was du dir vorgenommen hast.

Und vor allem:

Mach es immer und immer wieder.

Führe gerne Buch darüber. Über das, was du dir vornimmst und darüber, wie du dich bei der Umsetzung gefühlt hast. Du wirst stolz darauf sein, wenn du nach einigen Wochen erkennst, dass viele dieser Dinge jetzt zu deiner liebevollen Morgenroutine gehören.

Ja - es hört sich alles an wie die Arbeit mit einem kleinen Kind. Aber letztendlich ist es nichts anderes als genau das!

Wir lernen wieder auf unseren eigenen Beinen zu stehen, lernen Schritt für Schritt zu laufen und unser Leben auf einer der wichtigsten Säulen unseres Herzens aufzubauen. Denn tief in uns wird, sobald sich ein geliebter

Mensch von uns trennt, die Urangst unseres inneren Kindes geschürt. Das mangelnde Urvertrauen kommt zum Vorschein.

Somit gilt es auf genau dieser Verstandesebene anzusetzen und die auftauchenden Ängste zu umsorgen und zu bearbeiten. Mit dem Wissen eines Erwachsenen und dem Gefühlsleben des inneren Kindes.

DIE ERSTEN SCHRITTE

"Wer ankommen will, muss sich irgendwann auf den Weg machen"

An dem ersten Tag meiner Wanderung habe ich nicht mehr gewusst, warum ich mich überhaupt dazu entschlossen hatte diese Reise anzutreten.

Nachdem ich meine sieben Sachen in meinen Rucksack gepackt und mein Zimmer bezahlt hatte, ließ ich die Gefühle des gestrigen Abends in der frisch gewaschenen, weißen Bettwäsche zurück und stieg in mein Auto. Dort wechselte ich die Schuhe und schnürrte die Schnürsenkel meiner Wanderschuhe so fest zu, als würde ich mich für einen Bungeejump vorbereiten.

Das mich dieses Ritual des "Wanderschuhe Anziehens" noch aus so manchem unangenehmen Morgentief retten sollte, hatte ich zu diesem Zeitpunkt noch nicht vermuten können. Ebenso hätte ich es in diesem Moment nicht glauben können das ich es, wieder zurück in meiner Wohnung und im Alltag, umso mehr vermissen würde. Nachdem ich also meine Sachen in meinem weißen Kia verstaut hatte, wandte ich mich ein letztes Mal mit einem Lächeln auf dem Gesicht der Gaststätte zu in der ich die ersten Reiseerinnerungen sammeln durfte, bedankte mich in Gedanken für so gut wie alles beim Universum und machte es mir auf dem Fahrersitz bequem.

Während ich den Motor startete und mich zügig auf den Weg in Richtung Autobahn begab, wurde es ganz still in meinem Herzen.

Mein Weg führte mich zunächst zum offiziellen Parkplatz des Harzer Hexenstieges in Osterode, den ich, aufgrund einer Baustelle erst zwei Mal umrunden durfte, um endlich die Einfahrt zu finden. Nachdem ich mein Auto auf dem leeren Parkplatz abgestellt, den Motor ausgeschaltet hatte und es plötzlich wieder sehr still um mich herum wurde, ließ ich meinen Rucksack im Auto und machte mich auf den Weg zur Touristeninformation, um mir meine Stempelkarte zu besorgen. Ich spürte schnell - heute ist Kampftag.

"Was Gutes haben dir deine Sorgen jemals gebracht?"

Schon während der ersten Schritte konnte ich spüren wie der Vulkan vergangener und destruktiver Erinnerungen bedrohlich zu brodeln begann, sodass schon jetzt die Augen mit Wasser füllten. Als ich also mit diesem Gefühl der Entmutigung durch die Innenstadt von Osterode schlenderte, bahnten sich nach und nach immer mehr Tränen ihren Weg über mein Gesicht. Dabei war dieser Ort einfach traumhaft schön und durch den Schleier meiner Tränen spürte ich eine mir bis zu diesem Zeitpunkt unbekannte Wut.

Ich spürte, dass ich wieder kurz davor war mich von meinen Emotionen übermannen zu lassen und mir somit den vollen Genuss dieses wunderschönen Ortes selbst versauen würde.

Aus diesem Grund blieb ich für einen kurzen Moment stehen und ließ den Blick schweifen. Ich atmete tief. Die Schönheit der kleinen altertümlichen Häuschen war einfach atemberaubend.

Malerisch und verhext ließen die Außenfassaden der oft leicht schräg gebauten Wohnungen meine Blicke über sich wandern und in diesem Moment spürte ich meine Ronja ganz nah bei mir. Dieses Gefühl überkam mich nicht zum ersten Mal, wenn ich mir noch unbekannte Orte neu entdeckte. An der Touristeninformation angekommen erhielt ich meinen Stempelheft und ging flotten Schrittes wieder zurück Richtung Parkplatz, um nicht noch ein weiteres Mal durch den kleinen Sumpf meiner selbst erzeugten Trauer zu waten. Manchmal konnte ich es selbst kaum glauben, aber schon ein einfacher Hagebuttenstrauch erinnert mich zu diesem Zeitpunkt an die vielen Momente, in denen wir im letzten Sommer an diesen rot leuchtenden Vitamin C Bomben vorbeigelaufen sind und ich freudestrahlend gesagt habe:

"Schau mal Schatz! Butschkies!" (Butschkies beschreibt in diesem Fall das Kosewort für Hagebutte).

Wieder angekommen an meinem Auto öffnete ich die Tür zum Rücksitz, steckte mein frisch erworbenes Stempelheft in den Rucksack und warf einen letzten Blick auf den Kram, den ich noch zusätzlich und vorsichtshalber in einer weiteren Tasche rein vorsorglich eingepackt hatte.

Ich hatte nicht das Bedürfnis noch etwas davon mitzunehmen. Der Rucksack würde auf Dauer wahrscheinlich so oder so schon schwer genug werden. Ich stellte ihn also neben das Auto, zog meine Regenjacke über und nahm mein Handy in die Hand, nachdem ich die Autotür mit etwas zu viel Schwung zugeworfen hatte. Es war 9:30 Uhr und vor mir lagen ca. 15 Kilometer bis nach Buntenbock, meinem heutigen ersten Tagesziel.

Wenn ich nicht zu viel herum trödeln würde, könnte ich bis zum frühen Nachmittag dort sein. Hörte sich erst einmal nach einer passablen ersten Tagesstrecke an, die man problemlos munter drauf losmarschieren konnte. Ich setze also meinen Rucksack auf, ließ einen letzten Blick über das von mir hinterlassene Chaos im Auto schweifen und verabschiedete mich von meinem Kia. Nur zu Vorsicht drückte ich ein zweites Mal auf den Knopf, um auch wirklich sicher zu gehen, dass der Wagen abgeschlossen war. Anschließend nahm ich den Rucksack doch noch einmal vom Rücken, um den Schlüssel sicher in der Innentasche der Innentasche zu verwahren. Anschließend warf ich ihn mir wieder schwungvoll zurück auf die Schulter, schnallte den Bauchgurt fest und ging los.

Nach den ersten anfänglichen Orientierungsschwierigkeiten konnte ich den Weg auf meiner Karte jedoch ziemlich sicher bestimmen und ging auf den ersten Metern vorbei an einem offiziellen Unterstand, welcher den Startpunkt des Wanderweges markierte.

Um ganz auf Nummer Sicher zu gehen, fand ich auch hier noch eine weitere Karte mit den Wander- und Radwegen und studierte sie für wenige Minuten. Nachdem ich anschließend erkannt habe, dass ich das Gen Karten zu lesen wohl nicht von meinem Papa geerbt hatte, entschloss ich mich dazu die Chance zu nutzen und überquerte die in diesem Moment freie Straße.

Als ich die erste Etappe meiner Reise zu Gesicht bekam, musste ich, nachdem mir die Luft im Hals stecken blieb, laut lachen.

Ich blieb für einen Moment stehen, sah hinauf in Richtung Himmel und fragte laut: "Das ist jetzt nicht dein Ernst. Soll das etwa ein Wink mit dem Zaunpfahl sein?"

"Du wirst dein Leben nie verändern, bis du etwas veränderst, was du täglich tust.

Das Geheimnis deines Erfolgs liegt in deiner täglichen Routine"

Vor mir lag ein dicker fetter Berg. Meine ersten Kilometer auf meiner Selbstfindungswanderung gingen also steil bergauf.

Kontinuierlich.

Bei Sonne.

Und gefühlten 30 Grad im Schatten.

Ich will nicht sagen, dass ich damit ein Problem hatte. Aber schön mit anzusehen war es nicht, wie ich da als Wanderanfängerin die ersten Kilometer im Schneckentempo den Berg hoch krabbeln musste.

Ein paar Tage sowie einige Kilometer Wandererfahrung später fand ich heraus, dass ich Schlafschaf meinen Rucksack nicht optimal auf die Schultern geschnürt hatte. Aber in diesem Moment half mir das Wissen der Zukunft auch nicht weiter. Ich musste nun erst einmal da hoch. Ich vermute, dass sich der liebe Gott seine Prime Time Unterhaltung vom Himmel aus ein wenig anders vorgestellt hatte. Ich machte tatsächlich alle 10 Minuten eine Pause. Des Weiteren fragte ich mich alle 5 Minuten, wie ich eigentlich auf diese scheiß Idee gekommen bin und ob es nicht eine viel bessere Option gewesen wäre, einfach umzudrehen und wieder in mein Auto zu steigen. Mein Ego lief auf Hochtouren und war somit an vorderster Front unterwegs.

Ich fragte mich außerdem, wem ich hier eigentlich was beweisen wollte und was das überhaupt alles bringen soll. Ich würde es doch eh nicht schaffen.

In diesem ersten Moment, in dem ich mir in der Stille der Natur gnadenlos selbst ausgesetzt war, habe ich meinen Halt natürlich umgehend im Außen gesucht. Aus der reinen Gewohnheit heraus und um diesen ganzen Affenzirkus in meinem Kopf loszuwerden, griff ich zu meinem Telefon und nahm auf den ersten Kilometern ungelogen ein knappes Dutzend Sprachnachrichten auf und sendete weitere Tausend Textnachrichten an Freunde und Bekannte.

Mein gesamter Affenzirkus bestand aus den Gedanken an ihn, an uns, an sie und an die Trennung. Ich hatte gehofft - tja, was habe ich mir eigentlich erhofft, bei den ganzen Gesprächen über dieses Thema? Dass sich das Blatt wendet? Dass ich, solange ich noch mit anderen darüber rede, er mich eigentlich nie wirklich verlassen wird? Ich weiß es nicht. Aber es hat mir in den Momenten interessanterweise die nötige Drift gegeben um diesen unfassbar herausfordernden Berg weiter hinauf zu klettern. Mit meinem Taschentuch, zum Schweiß abwischen, in der Hand marschierte ich die folgenden Kilometer bis zur ersten Rasthütte zielstrebig weiter bergauf.

Am sogenannten "Eselsplatz" angekommen, fand ich nicht nur die Zeit, meinen ersten Apfel zu genießen, sondern auch die erste Stempelstelle zur Eintragung in mein Stempelheft, um mir eine bleibende Erinnerung an diesen monumentalen ersten Aufstieg zu ergattern. Anschließend machte ich es mir für ein paar Minuten in der kleinen Hütte bequem, legte die Beine auf den Tisch und ließ meine Gedanken schweifen.

Nachdem mein Weg nämlich kurz vorher vom sonnigen Feld in den wohltuend kühlen Wald wechselte und ich, völlig außer Atem, eine weitere Sitzpause einlegen musste, gönnte ich mir an einem steilen Abhang wenige hundert Meter vor dem eigentlichen Rastplatz eine kleine Pause. Kurz darauf begegneten mir zwei Mädels, die mit einer Gelassenheit an mir vorbei wanderten, von der ich in diesem Moment nur träumen konnte. Ich hatte keinen blassen Schimmer, warum es so anstrengend war. Ich hatte nur einen kleinen 25 Liter Rucksack als Gepäck mit dabei, der vielleicht gerade mal 6 Kilo wog, und war durch meinen Job eigentlich in einem ziemlich vorzeigbar fitten Zustand.

Dachte ich auf jeden Fall.

Aber wahrscheinlich machten mir einfach nur die ersten Höhenmeter zu schaffen. Zu diesem Zeitpunkt bin ich natürlich nicht auf die Idee gekommen, dass mein Körper mit einem anhaltenden Stressmodus zu kämpfen hatte, nachdem ich ihn nach der Trennung über Wochen hinweg mit nichts weiter als Alkohol, Zigaretten und schließlich Tonnen von Fast Food als meine emotionale Müllhalde missbraucht habe. Rückblickend ist es für mich somit absolut kein Wunder, dass er förmlich in eine Schockstarre gefallen ist, als er mich die ersten Höhenmeter den Berg hinauf schleppen musste.

"Nichts geht jemals vorbei, bis es uns gelehrt hat, was wir wissen müssen, um uns weiterzuentwickeln"

Nach meiner kleinen Rast am Eselsplatz, wanderte ich weiter. Den Schildern folgend ging es für mich über ein stetes Auf und Ab der Landschaft durch die Wälder des Harzer Hexenstieges weiter Richtung Tagesziel. Außer den beiden Mädels begegnete ich glücklicherweise keiner Menschenseele.

Mir war es durchaus schon ein wenig peinlich, so erschöpft vor mich hin zu trotten. Wenn ich mich recht erinnere, weiß ich, dass es auf der ersten Strecke einige Momente gab, in denen mir nicht nur die Höhenmeter den Atem geraubt haben, sondern auch der der Ausblick auf die Landschaft.

Des Öfteren musste ich anhalten und einfach nur dort stehen bleiben. Ich ließ den Blick über die weite Ferne schweifen und war für einen kurzen Moment befreit von den Affen in meinem Kopf. Der Blick über die atemberaubenden Täler, den ich genießen durfte war unglaublich schön.

Ich sog die neuen Erinnerungen, Düfte und Geräusche förmlich in mir auf. Dennoch hielt ich es selten länger als 10 Minuten in der Stille aus, bis sich dieser kleine bittere Beigeschmack wieder in mir breit machte. Es war alles so neu für mich. Denn die Welt für mich allein zu entdecken, kannte ich nicht. Es war merkwürdig und ich hatte das Gefühl, dass ich noch keinen neuen Ort gefunden hatte, an dem ich diese wunderschönen Erinnerungen sicher aufbewahren konnte.

Trotz der mich verfolgenden Gedanken wanderte ich weiter. Somit dauerte es nicht mehr lange, bis ich auf einen niedlichen und schmalen Feldweg gelangte, der mich schon in ein paar hundert Metern Buntenbock erreichen ließ.

Mir taten die Füße weh. Zum zweiten Mal an diesem Tag begann ich zu jaulen und konnte mir ein leises Fluchen nicht verkneifen. Vor allem hatte es mir gerade noch gefehlt, dass mir nach 10 einsamen Kilometern des stillen Wanderns, ein leicht desorientiert wirkender Typ über den Weg lief, der leise vor sich hin murmelnd an einem Brombeerstrauch stehend die Früchte pflücken wollte. Natürlich sprach er mich an. Er wollte wissen, wo ich denn herkommen würde und wo es hingehen soll. Mit einer kurzen und knappen eher unhöflichen Antwort gab ich ihm zu verstehen, dass ich kein Interesse an einem Gespräch hatte, er wünschte mir glücklicherweise umgehend einen schönen Tag und ich bog an der nächsten Ecke auf den einzigen Weg in dieses Dorf, hoffentlich in Richtung Herberge ab.

Meine letzten Meter führten mich über eine wunderschöne Wiese. Leider stiegen mir in diesem Moment schon wieder die Tränen in die Augen. Ich weiß, du kannst es mit Sicherheit nicht mehr hören. Manchmal ging es mir selbst ein wenig auf die Nerven.

Doch nach diesem ersten, für mich kräftezehrenden Marsch wurden meine Erinnerungen wieder zum Herrscher meines Körpers und ich ließ mich einfach in den Sumpf der Emotionen hineinfallen. Ronja. Ronja und ich auf großen Wiesen. Wie wir es geliebt haben. Ob mit oder ohne ihr Lieblingsspielzeug, ein orangefarbenes Frisbee, sind wir über die Wiesen gejagt, als gäbe es kein Morgen mehr. Zwischendurch war sie immer auf der Suche nach der Maus. Sobald sie etwas gewittert hatte, oder es sich in den meisten Fällen auch einfach nur eingebildet hatte, weil es ihr genauso viel Spaß machte wie mir, ging sie in Lauerstellung und nachdem die Frage aus meinem Mund geschossen kam, sprang sie mit allen Vieren in die Luft. In der Hoffnung die in der Regel nur imaginäre Maus zu fangen. Ich brauchte eine kurze Verschnaufpause, bevor ich mein Ziel erreichte.

Auch wenn ich nur noch 200 Meter bis zur Herberge vor mir hatte, wollte ich mich einfach einen kurzen Moment erden. Mich auf die Wiese legen und versuchen, meinen Kopf frei zu kriegen. Ich zog also meine Schuhe aus, streifte die guten Socken aus Merino Wolle über meine immer noch schmerzenden Füße und setzte diese anschließend barfuß auf das wohltuend kühle Gras.

Da mir diese Verbindung zur Erde noch nicht ausreichte, entschied ich mich anschließend dafür, mich lang auf der Wiese auszustrecken und für nur 5 Minuten die Augen zu schließen, um der Natur zu lauschen. Es gelang mir leider nur kurz, die Augen in tiefer Ruhe geschlossen zu halten. Ohne mir selber Druck machen zu wollen schielte ich zwischenzeitlich durch meine halb geöffneten Augen hindurch und genoss den wunderschönen Ausblick in die Ferne, beobachtete die Bienen auf den Blüten der bunten Blumen und erinnerte mich immer wieder daran, tief durch die Nase ein und wieder auszuatmen.

Nach ungefähr 20 Minuten entschloss ich mich dazu weiterzugehen. Barfuß. Ich band also meine Schuhe am Rucksack fest, verstaute die Socken in meinem Rucksack und tankte die letzten Meter mit meinen nackten Fußsohlen Kraft über die Erde. An der Herberge angekommen machte ich mich anfangs etwas orientierungslos auf die Suche nach meinem Schlüssel. Ich war darüber informiert, dass meine Gastfamilie bei meiner Ankunft nicht vor Ort sein würde, brauchte aber eine ganze Weile, um mich zurecht zu finden.

Schließlich entdeckte ich meinen Schlüssel zur Herberge in einem Briefkasten, entnahm ihn dem Briefumschlag, öffnete die Tür und fand nach einem Mal abbiegen links und Tür öffnen rechts ein wirklich liebevoll eingerichtetes modernes Zimmer vor.

Ich war der einzige Gast in dieser kleinen Herberge am Hang und musste mich im ersten Moment an die unerwartete Stille gewöhnen. Nachdem ich meinen Rucksack an die Seite gestellt hatte, ließ ich mich aufs Bett sinken und registrierte leider einen Moment zu spät, dass hier zwei Bettdecken und 4 Kissen bezogen wurden. Ich fühlte mich erneut als würde mir kaltes Wasser ins Gesicht geschüttet werden. Ist es nicht unglaublich, wie einfach einen wieder einmal die kleinsten Dinge aus dem Konzept bringen können?

Doch noch bevor mich das Gefühl der Hilflosigkeit und Einsamkeit jedoch übermannen könnte entschloss ich mich dazu, mir eine heiße Dusche zu gönnen. Da es kein ordentliches Mittagessen gegeben hatte, knurrte mein Magen schon am frühen Nachmittag auffällig laut und ließ meine Gedanken, während das heiße Wasser sanft über meine Schultern prasselte, ausschließlich um das Thema Nahrungsbeschaffung kreisen. Online machte ich mich anschließend auf die Suche nach etwas Essbarem, doch wie ich schon im Voraus bei der Buchung meiner Unterkunft von der Gastgeberin erklärt bekommen hatte, gab es in Buntenbock so gut wie nichts. Keinen Supermarkt, kein Kiosk, keine Tankstelle. Nachdem ich meine Gedanken hin und herschweifen ließ, ob ich einen Fastentag einlegen oder eine meiner Instantmahlzeiten zu mir nehmen sollte, blieb ich dann auf der Seite der "Harzer Speisekammer" hängen.

Für dieses Lokal spreche ich hiermit vorab offiziell meine absolute Essensempfehlung aus. Bei der Harzer Speisekammer handelt es sich nämlich um ein kleines Restaurant, welches vom Chefkoch persönlich bekocht wird und dementsprechend auch der Service absolut erstklassig ist. Nach einem kleinen Spaziergang dorthin genoss ich ein köstliches drei Gänge Menü mit Wein und Ginger Ale. Ich habe zwar nur 1/3 des gesamten Gerichtes essen können, da mein Magen es gar nicht mehr gewohnt war überhaupt Nahrung aufzunehmen, aber allein dieses Drittel war einfach erstklassig.

Noch heute läuft mir bei dem Gedanken daran das Wasser im Mund zusammen. Mit vollem Bauch und einem sanften Lächeln auf dem Gesicht machte ich mich nach dem Bezahlen wieder auf den Rückweg zur Pension und genoss den Rest des Abends vor dem Fernseher, bis die Augen immer schwerer wurde und ich, ohne es zu merken in einen tiefen und unruhigen Schlaf fiel.

DONNERSTAG, DER 08/08/2019

Von Buntenbock nach Torfhaus 23 km 37444 St Andreasberg

"Das Leben ruckelt immer ein wenig, wenn es in den nächsten Gang schaltet."

Diese Gangschaltung bekam ich am frühen Morgen noch einmal deutlich zu spüren.

Vor allem, wenn ich in Nächten wie diesen auch in meinen Träumen von Ben und Ronja verfolgt wurde, konnte ich mich in der Früh schwer von den nächtlichen Erinnerungen lösen. Eines nachts träumte ich so lebendig, dass ich mir zu 100% sicher war, er hätte unsere Wohnungstür aufgeschlossen, sich neben mich gesetzt und mir beim Schlafen zugesehen. Diese sehr realen Träume haben mir schon immer eine große Angst eingejagt.

Denn nicht selten fühlen sie sich an, als könnten wir wirklich nach der Person, von der wir träumen, greifen. Hier ein kleiner Originalauszug aus meinem Tagebuch: "Ich bin aufgewacht. Mal wieder. Und mal wieder sind alle motivierten Vorsätze von gestern passè. Geschlafen habe ich fein - geträumt wild. Ich kann dieses Morgentief leider nicht in sinnvolle Worte fassen. Es ist einfach nur immer wieder der personifizierte Teufel.

Ein schreckliches Wesen, das grinsend in meinem Körper wütet und mir lachend ins Gesicht brüllt:

"Na, hast du es immer noch nicht verstanden? Dann brenn ich die Wunde noch einmal mehr aus!"

Nachdem ich also die Augen aufgeschlagen hatte und die Enten vor meinem Fenster im Garten gackern hörte, sagte ich mir in Gedanken und mit voller Überzeugung:

"Heute geschieht ein Wunder."

Ich begann den Tag mit einem leichten Frühstück. Nebenbei habe ich ein wenig in meinem derzeitigen Buch über das Gesetz der Anziehung und wie unsere Gedanken unser Leben beeinflussen geschmökert, bin dann aber doch zu der Erkenntnis gekommen, dass ich nicht die Ruhe "in der Futt" hatte, um mir hier ein entspanntes Stündchen Kaffeekränzchen zu gönnen. Somit schmierte ich mir also noch schnell ein Brötchen als Proviant, schnappte mir zusätzlich einen Apfel und ging zurück auf mein Zimmer. Nachdem ich alles so weit in meinem Rucksack verstaut hatte, zog ich meine Wanderschuhe an und verabschiedete mich mit einem langen Gespräch von der Herbergsmutter.

„Die Magie der Wanderschuhe"

Weißt du was das Faszinierende an einer Pilgerwanderung ist? Du entwickelst über kurz oder lang eine ungeahnt innige Beziehung zu einem ganz bestimmten Teil deines Reisegepäcks.

Du entdeckst die Magie der Wanderschuhe.

Als ich an diesem Tag die Augen nicht öffnen wollte und einen Moment zu lang in der Wolke meiner traurigen Traumwelt festhing, erinnerte ich mich an einen Ratschlag, den ich laut meiner aktuellen Lektüre von Pam Grout ausgezeichnet dafür nutzen konnte, um mich aus dem Morgentief zu ziehen:

"Dein erste Gedanke am Tag lautet wie folgt: Heute passiert etwas Erstaunliches und Wunderbares!"

So oder so in der Art sollte das Experiment also ab sofort verlaufen. Glaub mir, am Anfang fühlt es sich an, als würde man sich selbst belügen. Auf der einen Seite sitzt das Herzchen auf deiner Schulter und hüpft wie wild vor Freude auf dir herum und auf der anderen Seite verdreht dein Ego die Augen und denkt sich:

„Als ob du das wirklich durchziehen würdest".

Aber irgendwann muss man schließlich mal anfangen. Wenn nicht jetzt, wann dann? Jetzt, wo ich sowieso schon ins Loch gefallen bin, dient mir dieser kleine Satz am frühen Morgen quasi als Spinnenwebe, an der ich mich nach oben zurück ans Licht ziehe.

Rückblickend betrachtet ist dies eine der wertvollsten Gewohnheiten, die ich mir damals aneignen konnte und die ich auch heute noch regelmäßig praktiziere. Es ist tatsächlich schon zu einer liebevollen Gewohnheit geworden, dass ich direkt nach dem "mir des Wachseins bewusstwerden" mit einem leichten Lächeln auf den Lippen diesen kleinen, aber magischen Satz in meinen Gedanken mindestens drei Mal wiederhole.

Ich kann dir also nur empfehlen: Nutze die noch sanften Momente deines jungfräulichen Bewusstseins am frühen Morgen, noch bevor der nörgelige Verstand wirklich wach wird, und schwinge dich mit diesem kraftvollen Glaubenssatz auf die Frequenz ein, die du an diesem ganz besonderen Tag in dein Leben ziehen möchtest.

"In deiner Vorstellung warten Milliarden Möglichkeiten der Zukunft auf dich

-

wähle deine Liebste und lass sie wahr werden"

Im Bezug darauf solltest du dir noch einmal bewusst machen, dass alles, was du dir für dein Leben wünscht, schon vorhanden ist. Solltest du immer noch daran zweifeln lege ich dir erneut ans Herz, dich mit dem Thema der Quantenphysik auseinanderzusetzen. Dort erfährst du schwarz auf weiß, dass du niemals das Opfer deiner Umstände warst und es auch in Zukunft nicht sein wirst. Irgendwo dort draußen ist es schon da.

Dein gesundes Ich. Dein Erfolg. Dein perfekter Partner. Deine persönliche Wunschvorstellung der Zukunft.

Ganz egal, was du dir vorstellst und was du dir wünschst. Es ist schon dort. Es schwingt einfach nur auf einer anderen Frequenz als deine derzeitige Gedankenwelt und somit kann es sich nicht in deinem Leben manifestieren.

"Dein Ego möchte dich genau von dem Gefühl abhalten, dass dich eigentlich befreien würde"

Kommen wir zurück zu deinen Gedanken am frühen Morgen.

Mit diesem positiven Glaubenssatz beginnst du nun also deinen Tag. Es ist unglaublich und faszinierend zugleich, dass sobald du auf die Art und Weise lebst, als wären deine Wünsche bereits in Erfüllung gegangen und du voller Dankbarkeit in den Tag hineinlebst, sie fast wie von allein in deinem Leben auftauchen. Mittlerweile bin ich absolut davon überzeugt.

Allerdings möchte ich an dieser Stelle nicht den Glauben erwecken, dass es leicht für mich gewesen wäre, dieses Vorhaben Tag für Tag in die Tat umzusetzen. Jeden Morgen mit einem Lächeln auf dem Gesicht aufzuwachen, diesen Glaubenssatz vor mich hin zu murmeln und dabei auch noch eine Emotion der Liebe und Dankbarkeit meinem Leben gegenüber in meinen Körper entstehen zu lassen, war immer wieder aufs Neue eine absolute Herausforderung. Trauer, Schmerz und Hilflosigkeit saßen mir immer im Nacken.

Immer.

"Letztendlich sind wir alle nur Menschen auf einem Weg."

Mein Pilgerweg führte mich, nachdem ich meine Sachen zusammengesucht und gefrühstückt hatte an diesem Tag als Erstes an meinen Wanderschuhen vorbei. Wie schon erwähnt entwickelst du äußerst schnell eine sehr innige Beziehung zu diesen kleinen Wunderstücken. Du schlüpfst in sie hinein, schnallst dich an und in genau diesem besonderen Moment weißt du: "Ich bin in Sicherheit. Es geht weiter."

Somit wird selbst dein Wanderschuh ganz unbewusst mit einer sehr kraftvollen und starken Affirmation belegt, die dir eine Sicherheit gibt über die ich gerade selbst laut und aus vollem Herzen lachen muss. Jedes Mal, wenn ich meine Schnürsenkel angezogen und fest zugeschnürt habe, konnte ich ganz genau spüren das mich der Weg, den ich da gerade gehe, gerufen hatte.

Nachdem ich mich nach einer kurzen Unterhaltung mit der Herbergsmutter liebevoll von ihr und der Unterkunft verabschiedet hatte, zog ich die Eingangstür hinter mir zu und nahm einen tiefen Atemzug.

Die frische Luft der Harzer Berge war einfach nur einmalig und ich spürte förmlich, wie jede Zelle meines Körpers begann sich zu freuen. Ich wandte mich nach links und ging die ersten 200 Meter zurück über die Wiese, auf der ich mir noch am Tag zuvor mit schweren Füßen eine Auszeit in der Sonne gegönnt hatte. Schon wieder tief in meinen Gedanken versunken verpasste ich haarscharf die kleine Abzweigung der ich folgen musste, um zurück auf den offiziellen Pfad des Wanderweges zu gelangen. Trotz all der Bemühungen mich positiv auf den Tag einzuschwingen und neue „Frequenzautobahnen" entstehen zu lassen, war es ein steiniger Start in den Tag. Schon auf den ersten Kilometern schlich sich ein Thema in mein Bewusstsein, dass ich jetzt erst einmal ganz liebevoll als „Die Beziehungskiste" definiere.

"LIEBES UNIVERSUM, BITTE SORGE DAFÜR, DASS ER ZURÜCK KOMMT"

ODER DIE WAHRHEIT ÜBER DAS MANIFESTIEREN UND BEZIEHUNGEN

Zu dieser Zeit war ich noch fest davon überzeugt, dass ich mit meinen Glaubenssätzen meine Zukunft manifestieren kann. Das funktioniert auch. Allerdings nicht, wenn man versucht, jemandes Leben damit zu manipulieren.

Auch, wenn es zurückblickend belustigend erscheint, erzähle ich dir etwas, dass mir im Nachhinein wirklich peinlich ist. Angefangen hat alles damit, dass ich jeden Schritt, den ich auf den ersten paar Kilometern hinter mich gebracht hatte mit einem Mantra besetzt habe:

"Ben - und - ich - führen - eine - glückliche - Beziehung - Danke."

Ja, halte mich für verrückt, aber solche Glaubenssätze habe ich auf dem Weg benutzt. Bis zum Schluss. Ich habe fest daran geglaubt, dass wenn ich diese Wahrheit nur lange genug an das Universum sende, es mir auch genau diese Wirklichkeit auf kurz oder lang widerspiegeln wird. Heute möchte ich dir sagen, dass mir diese Art und Weise zu manifestieren rein gar nichts gebracht hat, außer mich davon abzuhalten die vielen schönen und wundervollen gegenwärtige Momente im Hier und Jetzt wahrzunehmen.

Nachdem ich diese Art und Weise an meinem eigentlichen Leben vorbeizudenken auf den ersten Kilometern erfolgreich nicht erfolgreich praktiziert hatte, muss es anscheinend einen Moment gegeben haben an dem sich in meinem Kopf ein Schalter umgelegt hat und ich von diesem Mantra in einen weiteren tiefsinnigen Gedankengang gerutscht bin.

Ich hatte plötzlich angefangen, die Situation aus einem völlig anderen Blickwinkel zu betrachten.

Was sind Beziehungen? Was bedeutet dieses Wort? Welche Bedeutung geben wir diesem Wort? Beziehungsweise geben wir ihm überhaupt die Bedeutung, welche ihm entspricht?

Was ich mir dabei genau durch den Kopf gegangen ist? Genauer betrachtet führen wir mit all den Menschen eine Beziehung, die sich in unserem engeren Umfeld bewegen. Damit meine ich zunächst die Menschen, die wir sehen, mit denen wir sprechen und die wir anfassen können. Quasi die Menschen, mit denen wir uns absolut offensichtlich austauschen und die wir direkt und aktiv an unserem Leben teilhaben lassen.

Menschen, mit denen wir in der heutigen Zeit eine Beziehung führen sind leider auch zu häufig genau die Personen, denen wir die Schuld an unseren unglücklichen Lebensumständen geben und die wir dafür verantwortlich machen, ob wir glücklich sind oder nicht. Ob wir am Tag mit einem Lächeln aufwachen oder eben nicht.

Aus diesem antrainierten Verhalten heraus denken wir, dass wenn wir diesen nahestehenden Menschen verlieren sollten, wir auch die Beziehung zu ihm verlieren. Die beiden Aspekte Beziehung und Abhängigkeit tanzen miteinander auf einen wilden Tango, welcher in unserer schnelllebigen Gesellschaft nur allzu häufig und ohne darüber nachzudenken in einem Desaster endet. In dem von mir beschriebenen Fall muss es sich noch nicht einmal um eine Liebesbeziehung oder Lebenspartnerschaft handeln, sondern kann sich genauso gut um etwas banales wie ein Arbeitsverhältnis und die Beziehung zum Chef handeln.

Denn auch hier begeben wir uns in eine Form der Abhängigkeit, indem wir einem anderen Menschen die Macht über unsere Zeit und unser Glück zugestehen. Die Macht, über unsere Individualität und im schlimmsten Fall über unsere Gesundheit, frei walten zu können.

Und ZACK – ohne, dass wir es selbst bemerkt haben, stecken wir wieder in der Abhängigkeit.

Ganz häufig geschieht es ohne, dass wir es merken, denn der wunderschöne Glaubenssatz: "So ist das nun mal", hat sich über Generationen hinweg so fest in unserer Gesellschaft und in unserem Glauben verankert, dass vielen von uns der Mut fehlt, sich aus der Abhängigkeit zu lösen und darauf zu vertrauen, dass sie selbst darüber entscheiden können, ob Glück oder Trauer in ihrem Leben Einzug halten soll.

Betrachten wir eine Beziehung jedoch auf der energetischen Ebene, umschreibt diese Verbindung viel mehr als nur den für unser Auge sichtbaren zwischenmenschlichen Umgang. Im energetischen Sinne ist eine Beziehung viel bedeutender und umfassender als es sich unser Verstand vorstellen kann. Beziehungen brauchen keinen direkten Kontakt.

Sie benötigen keine Sinne.

Kein Sehen, kein Hören und kein Fühlen im körperlichen Sinne. Im Bereich der Quantenphysik behaupten die Wissenschaftler schon seit Jahrzehnten, dass Alles mit Allem über die kleinsten Bestandteile unserer Zellen miteinander verbunden ist. Wie sonst kann es ein, dass ich eines Nachts weinend und mit Bauchkrämpfen in meinem Bett wach wurde, absolut nicht wusste was mit mir geschieht und ich am nächsten Tag erfahren habe, dass mein Papa um genau die gleiche Uhrzeit Schmerzen verspürt hat?

"Wir sind so viel mehr als das, was wir glauben zu sein"

Auf meinen ersten Kilometern des Tages bin ich also dem Gedanken nachgegangen, dass mein Mantra gar nicht so unwahr und bemitleidenswert ist, wie es auf den ersten Blick erscheinen mochte.

„Wenn wir uns trennen, lernen wir uns kennen"

Getreu diesem Motto ging also in den kommenden Monaten für mich ein ganz spannender Lernprozess los, der bei mir vor allem damit begann, dass ich Folgendes verstehen durfte:

In unserem Universum gibt es keine Trennung. Alles ist eins. Unsere Energien sind immer miteinander verbunden.

Wir führen zu jedem Menschen eine Form der Beziehung, nur das wir uns darüber in den häufigsten Fällen nicht im Klaren sind, da diese Sicht der Wirklichkeit in der Gesellschaft für Humbug gehalten wird.

Wie dir bereits aufgefallen sein kann, erwähne ich es in diesem Buch des Öfteren, dass wir zwar nach außen hin physisch strukturierte und materielle Wesen sind, aber letztendlich aus Milliarden kleiner in sich schwingender Zellen bestehen. Wir sind Energie und bewegen uns in unseren kleinsten Bestandteilen dauerhaft, als Teilchen und Welle zugleich. Alles schwingt und alles ist Energie, also ist alles auf eine besondere Art und Weise miteinander verbunden, vor allem wenn man auf der gleichen oder einer ähnlichen Energiefrequenz schwingt.

Die Energiefrequenz kannst du über deine Emotionen und Gedanken und somit über die Art und Weise wie du deinen Alltag gestaltest beeinflussen. Ben und ich tun das gerade nicht.

Mit diesem Gedanken im Kopf spürte ich, wie sich eine Wärme in mir ausbreitete, die ich in den nächsten Tagen noch häufiger begrüßen durfte, auch wenn es nur kurze Momente sein sollten. Es waren die ersten feinen Momente des Vertrauens darauf, dass es dort draußen mehr gibt als das, was ich mit meinen Augen wahrnehmen konnte. Etwas, das mir ein Urvertrauen schenkt und sagt:

"Alles ist gut, so wie es ist. Alles passiert zu deinem Besten, wenn du nur dazu bereit bist dich dem Fluss DEINES Lebens anzuvertrauen."

Oft müssen Menschen sich trennen, weil sie auf dem gemeinsamen Weg einfach zu sehr von ihrem eigenen Lebensweg und ihrer individuellen Seelenaufgabe abgekommen sind. Denn sowohl ich habe mich in der Beziehung in ein Wesen verwandelt, das ich nicht sein wollte und nicht bin als auch er, der es nicht geschafft hat, mit mir an seiner Seite der starke Mann zu werden, den ich immer in ihm gesehen habe.

Und so mussten wir jetzt im physischen Sinne getrennte Wege gehen, damit jeder wieder zurück zu dem finden konnte, wofür er bestimmt war. Nachdem ich diese Gedanken zu Ende gedacht hatte, versuchte ich mich wieder bewusst auf das zu konzentrieren, was sich um mich herum abspielte. Es ist erschreckend zu erkennen, wie sehr man sich doch von dem eigenen Gedankenchaos von einem Irrsinn in den nächsten treiben lassen kann, ohne zu bemerken, dass man das Schönste am Leben an sich vorbeiziehen lässt.

Als ich also meine Augen wieder für das öffnete, was um mich herum geschah, begrüßte mich eine einfach nur atemberaubenden Seenlandschaft. So atemberaubend, dass ich stehen bleiben musste, um diesen Augenblick einfach nur mit leicht offenem Mund zu genießen.

Der See war umgeben von hohen Tannen und durchzogen von einem kleinen brückenartigen Gehweg welcher, wie sich später herausstellen sollte, wohl der offizielle Wanderweg war. Schon im ersten Moment erinnerte mich dieser Anblick an einen Film, den ich als kleine Steffi damals häufig gesehen hatte. "Das Geheimnis des Bärenfelsens" war einer meiner Lieblingsfilme und ich kann mich noch daran erinnern, dass die beiden Mädchen, die den Bärenfelsen von innen erkunden wollten, mit einem kleinen Boot über den See fahren mussten, um in die Höhle zu gelangen. Auch in dem Film war der See saphirblau und umgeben von magischen Bäumen und märchenhaft im Schatten eingehüllten Wiesen wie dieser, den ich in diesem Moment mit einem funkeln in den Augen bestaunte.

"Die Geschwindigkeit ist nicht von Bedeutung. Vorwärts ist vorwärts."

Nach dem kurzen Moment der mentalen Auszeit hätte ich es wissen müssen, dass ich wieder eingeholt werden. Und just in diesem Moment, während ich mich diesem atemberaubenden Anblick hingab, wurde mir wieder bewusst, dass es jemanden in meinem Leben gab, mit dem ich hier gerne sein würde. Ich blickte mich um und erkannte, dass ich mir hier an dem perfekten Platz befand, um mit unserem Van über Nacht an diesem wunderschönen Ort die Landschaft zu genießen.

Und es war klar. Plötzlich kamen die Tränen. Vor Glück und Dankbarkeit, diese Schönheit genießen zu dürfen, aber auch aus reiner Trauer und Wut heraus, weil ich es ausschließlich mit mir alleine teilen durfte und mich immer wieder in diesen Sumpf der Erinnerungen hineinziehen ließ. Bei der Erinnerung an das, was nun passiert muss ich fast ein wenig lachen.

Denn nachdem ich mich in meinem Herzen kurzzeitig verlaufen hatte, hat es interessanterweise nicht lange gedauert, bis das Leben mir das Spiegelgesetz vor die Nase geknallt hat, und mir zeigte, dass ich ein ganz schönes Stück von meinem persönlichen Weg abgekommen bin.

Ich habe mich nämlich tatsächlich verlaufen und bin einfach in die falsche Richtung gewandert. Hätte ich meinem Bauchgefühl vertraut, wäre ich dem zu Anfang schon erwähnten Weg über den See gefolgt. Ganz stolz jedoch, einen weiteren Stempel in meinen Stempelpass eintragen zu dürfen, nachdem ich an einer kleinen Hütte eine erste Rast eingelegt hatte, blieb ich einen kurzen Augenblick stehen und blickte etwas verdutzt auf die von mir erreichte Stempelstelle. Dieser Stempel hatte leider nichts mit dem Hexenstieg zu tun und war somit ein Indiz dafür, dass mich mein Waten durch den Sumpf der Erinnerungen gewaltig in die falsche Richtung geführt hatte.

Mein Blick schweifte über die Wegweiser. Ich war verwirrt. Wurde bockig und wütend. Blickte auf meine Karten. Zog mein Telefon aus der Tasche. Hatte kein Handyempfang. Und dann saß ich da. Allein, mit meinen Gefühlen sowie einem auf meiner Schulter hüpfenden Ego, welches vor Freude Tränen in den Augen hatte und es gerade noch schaffte zu sagen:

"Na siehst du? Hab's doch gesagt, dass ich's doch schaffe dich aufs Kreuz zu legen!"

Doch natürlich konnte ich hier nicht wie ein bockiges Kind sitzen bleiben. Nachdem ich mich dafür entschieden hatte, den Weg einfach ein Stück zurückzugehen und dann die in meinen Augen einzig sinnvolle Route zu wählen die ich noch vor mir sah, war ich wieder auf dem Weg angekommen, der anscheinend in die richtige Richtung führen konnte. Die Landschaft der nun folgenden 5 Kilometer spiegelte mein Inneres wider, denn die nächste Stunde führte mich durch ein Forstgebiet in dem sie gerade dabei waren, hunderte von Bäumen zu fällen. Ich fand es einfach grauenvoll mit anzusehen, wie das Baumsterben sich hier hektarweit durch die Landschaft zog. Ob auch in mir zu diesem Zeitpunkt aufgeräumt wurde? Nicht ohne Grund heißt es doch schließlich:

"Wie Innen, so Außen".

"Denn sich der Wahrheit zu öffnen bedeutet, sein Herz zu öffnen.

Und wenn das Herz offen ist, ist dort Liebe, denn Liebe ist der natürliche Zustand eines offenen Herzens"

Wow. Selbstliebe.

Wir kommen zu einem Thema, dass sich schwer in Worte fassen lässt und von dem ich dir wünsche, dass du es ganz bald spüren kannst.

Denn mit der Liebe zu dir selbst steht und fällt am Ende des Tages dein Glück. Mit der Liebe zu dir selbst bestimmst du ganz allein, welche Ereignisse und Wunder aber auch welche Menschen den Weg in dein Leben finden und wie liebevoll dich diese Personen behandeln. Denn alles im Außen ist ein Spiegel deiner Liebe zu dir selbst. Ein Mensch kann dich nur so sehr lieben wie du dich selbst liebst.

Das, was du ausstrahlst, ziehst du an. Du weißt es. Der Moment, in dem sich mein Geist dazu entschieden hat, sich mit dem Thema Selbstliebe auseinander zu setzen war äußerst kurios. Ich weiß nicht, welche der Steffis in meinem Kopf damit begonnen hat, mir diesen Gedanken einzupflanzen, aber in jedem Fall haben zwei Stimmen in mir ganz unmerklich und leise begonnen zu arbeiten. Wenn du auch schon an dem Punkt angekommen bist, an dem du dich immer mal wieder grauenvoll hin und her gerissen fühlst dann möchte ich dir gratulieren:

Im besten Fall lernst du zu Beginn deiner Persönlichkeitsentwicklung zwei Stimmen in dir kennen.

1. Deinen **Verstand** oder auch das **Ego**, dein rational denkender Anteil, der versucht in seiner begrenzten Fähigkeit begründet auf den Erfahrungen der Vergangenheit, die Dinge zu erkennen und alles unter Kontrolle zu halten. In Bezug auf die Selbstliebe ist dies der Teil, der dir erklären möchte, dass das, was ich hier schreibe vollkommener Bullshit ist und man die Liebe nicht im Innen sondern im Außen, bei einer anderen Person oder in einem neuen Auto oder einem Haustier findet. Nur so wird man glücklich.

2. Die **Stimme deines Herzens** oder auch das in dir schlummernde allumfassende und vor Liebe strotzende Universum aber auch deine Seele die mit unbegrenztem Wissen und Vertrauen deinen Seelenweg gemeinsam mit dir verwirklichen möchte. Dieser Teil weiß ganz genau, dass jede Zelle deines Wesens aus purer Liebe besteht. Dieser Teil weiß ebenso, dass unsere Gesellschaft und die westliche Art und Weise zu leben es uns hat vergessen lassen. Dieser Teil weiß, dass unser natürlicher und ursprünglicher Seinszustand Liebe, Dankbarkeit und Freude ist.

Während ich in dem immer noch gerodeten Wald vor mich hinwanderte, begann sich die ausschlaggebende Frage für diese intime Auseinandersetzung mit mir selbst in mein Bewusstsein zu schleichen:

"Habe ich Ben wirklich geliebt?"

Mit dieser Frage hatte ich also den Samen für ein wunderbar fantastisches Selbstgespräch gesät, das ich hier mit dir teilen möchte, auch wenn ich Gefahr laufe, dass du mich anschließend für verrückt halten wirst. Ich würde mich freuen, wenn du dir einen Stift nimmst und den ein oder anderen dich inspirierenden Satz markierst. Ich möchte diesen Dialog für sich wirken lassen. Vielleicht liest du deine markierten Textstellen anschließend noch ein zweites Mal.

Gerne kannst du mir eine E-Mail schreiben, wenn du dich mit mir über das Thema austauschen möchtest, wenn du das Gefühl hast, plötzlich noch mehr Fragen zu haben oder selbst in solch einer Situation gefangen gewesen zu sein.

Steffi: "Habe ich Ben eigentlich überhaupt geliebt? Mir ging es doch schon viel länger schlecht in der Beziehung, als ich es mir eingestehen wollte. War ich mir nicht von Anfang an unsicher?"

Herz: "Ich bin mir ziemlich sicher, dass du ihn geliebt hast. Nur weißt du, was das Problem war, Steffi? Du hast dich selbst nicht mehr geliebt..."

Kopf: "Was ein Quatsch. So einen kopflosen Menschen kannst du doch nicht wirklich geliebt haben, schau doch mal welche Probleme er mit in dein Leben gebracht hat und wie lange du es ausgehalten hast."

Steffi: *schweigen* "Aber ich wäre doch nicht so lange an seiner Seite geblieben, wenn es nicht der richtige Weg gewesen wäre..."

Herz: "Liebe Steffi, es gibt etwas, dass du dir bewusst machen solltest. Eines der universellen Lebensgesetze besagt: Wir können Liebe nicht fühlen. WIR SIND LIEBE. Aber wir vergessen es. Nicht erst seit Kurzem, sondern oft schon seit unserer Kindheit.

Seit uns erklärt wurde, wie wir uns fühlen müssen, was wir zu tun haben und wie wir emotional auf Situationen reagieren sollen, die wir erleben. Wenn wir diese universelle Gesetzmäßigkeit vergessen, die uns mit in die Wiege gelegt wurde, dann haben wir verlernt, wie sich Liebe anfühlt. Und damit meine ich eine andere Liebe als die Liebe, an die du denkst, wenn du von der Liebe zu einem anderen Menschen sprichst. Ich spreche an allererster Stelle von der Liebe zu dir selbst.

Deiner Selbstliebe! Sie ist die Wurzel von allem, was du in deinem Leben erzeugst. Sie ist der Dreh und Wendepunkt deines Seelenweges und der Personen, die dir auf diesem Weg begegnen. Selbstliebe ist das Fundament aller Beziehungen deines Lebens."

Kopf: *lacht und schüttelt den Kopf* "Selbstliebe. Wir sollten viel eher mal daran denken, dass wir in unseren Beziehungen in erster Linie an unseren Partner denken. Du hast doch gesehen, wie dich die Beziehung zerstört hat. Wie genervt und ausgelaugt du jeden Abend von der Arbeit nach Hause gekommen bist, wie du Nächte lang auf ihn gewartet hast, wie du versuchst hast seine Probleme zu lösen!"

Steffi: "Ja, aber das habe ich doch aus Liebe getan... oder nicht."

Herz: "Das ist leider der Trugschluss. Selbstliebe bedeutet, genau all diese Dinge nicht zu tun die dir dein Verstand immer wieder einreden will. Selbstliebe bedeutet, dass du dir selbst im ersten Schritt immer die beste Freundin bleibst, dass du dich nie im Stich lässt und dass du dich immer an die Versprechen hältst, die du dir gibst. Und ich weiß, dass es einige Momente gab, in denen du ganz kurz davor warst, den richtigen Weg zu wählen.

Dass du abends von der Arbeit im Auto gesessen hast und dir selbst versprochen hast, dass du heute Abend keinen Streit suchst. Ich war aber auch in den Momenten bei dir in dem du dein Versprechen dir gegenüber wieder gebrochen hast. Aber gib dir dafür keine Schuld. Du hast zu diesem Zeitpunkt noch nicht gemerkt, was in dir passiert. Und auch wenn es jetzt hart klingen mag, solltest du dir bewusst machen, dass jedes Mal, wenn du aufgehört hast dich selbst zu lieben, ein kleiner Teil deiner Seele zerbrochen ist.

Ein kleiner Teil deines inneren Kindes hat wieder weinend in der Ecke gesessen, weil du dein Versprechen schon wieder nicht eingehalten hast."

Kopf: "Ja verdammte Axt, in dem Moment konnte sie aber auch gar nicht anders reagieren! Überleg dir doch mal, wie er sie wieder auf die Palme gebracht hat mit seiner Unfähigkeit sein Leben zu führen und für seine kleine Familie zu sorgen!"

Herz: "Ja, lieber Kopf. Schön und gut. Doch meinst du nicht, dass es in solchen Momenten an erster Stelle stehen sollte, dass man sich selbst treu bleibt und den eigenen inneren Frieden wart? Vergiss nicht, was ich vorhin gesagt habe: WIR SIND LIEBE.

Wie du siehst, hat ein Streit, wie du ihn immer wieder provoziert hast, die Situation nicht verbessert. So viel Schaden wie du dir mit einem Streit selbst zufügst Steffi, kannst du nicht kompensieren. Dadurch, dass wir aber Liebe sind, können wir auch reine Liebe verkörpern. Dadurch das wir Liebe verkörpern, ziehen wir Menschen in unser Leben, die dieses Gefühl auch empfinden. Oder wir schaffen es Menschen dieses Gefühl näher zu bringen, indem wir es leben.

Aber was unsere Steffi jetzt verstehen darf, ist: Sie ist Liebe!

Dieses Leuchten und dieses zuversichtliche warme Gefühl ist unser natürlicher Wesenszustand. Dieser natürliche Zustand wird nur gehemmt durch ein Gefühl des Mangels, was leider, lieber Kopf, durch deine begrenzte Sicht der Dinge ausgelöst wird.

Verstehe mich nicht falsch, ich bin dankbar dafür, dass es dich gibt da du uns in vielen Situationen das Leben rettest. Aber in dieser grundlegenden Weiterentwicklung geht es jetzt darum das Steffi versteht, dass ein festes Fundament des Lebens aus Selbstvertrauen, Selbstwert, Selbstbewusstsein und Selbstliebe existenziell wichtig ist. Alles kann erreicht werden, wenn wir diese Liebe leben und ausstrahlen.

Das Universum wird uns schon zum richtigen Zeitpunkt die Menschen und Gegebenheiten zu uns führen, welche mit uns stimmig sind. Aber zuallererst müssen wir lernen, uns selbst treu zu sein. Wir müssen uns selbst an die Versprechen halten, die wir uns geben. Wir müssen uns selbst so lieben, wie wir von einer anderen Person geliebt werden wollen. Wir müssen uns selbst so respektvoll und wertvoll behandeln, wie wir es uns von unserem Gegenüber wünschen.

Erst mit der Liebe zu uns selbst, zu unseren Wesen mit all seinen Ecken und Kanten können wir Beziehungen führen die frei und voller Liebe eine lange Zukunft vor sich haben. Wir werden verstehen, dass wir niemals verlieren werden. Wir werden verstehen, dass wir niemals alleine sind.

Wir entwickeln ein Vertrauen in das Leben, dass geprägt ist von Liebe. Und hierbei handelt es sich um das größte Geschenk, dass du dir selbst machen kannst. Deine ganz eigene Form des Urvertrauens.

AM ABHANG DER ACHTSAMKEIT

"Manchmal sind die Dinge, die wir nicht ändern können genau die
Dinge, die uns ändern werden"

Es war ein Kampf sich an diesem Tag motiviert zu halten. Kilometerweit jagten mich meine Gedanken durch die gerodeten Wälder und gaben mir das Gefühl, dass es an der Zeit ist loszulassen. Glücklicherweise dauerte es schließlich nicht mehr lange, bis ich wieder von einer atemberaubenden, diesmal mystischen Schönheit der Natur begrüßt wurde.

Nach vielen kargen Kilometern führte mich mein Weg endlich weiter durch ein kleines Wäldlein und ich spürte förmlich, wie alles in mir tief Luft holen konnte. Schon immer habe ich die Magie der Wälder, aber auch der Seenlandschaften genossen. Als absolute Neuseeland, Schottland, aber auch Irlandliebhaberin bin ich schon damals der Szenerie des "Herrn der Ringe" und der Serie "Outlander" gnadenlos verfallen und genoss es somit in diesem Moment es mir zu erlauben, anstatt dem offiziellen Weg zu folgen, einfach querfeldein durch die Wälder zu stromern.

Dies war ein Ort, an dem ich eine ganz besondere Magie verspürte, denn er führte mich nicht nur abenteuerlich als Alternative zu dem Hauptweg durch die Wälder, sondern außerdem an einem wunderschönen Teich entlang. Ich durfte über Wurzeln und kleine Bäche steigen, hörte das Plätschern des seichten Bachlaufes und das Rauschen der Blätter im Wind.

Es war faszinierend zu erkennen, wie sich die Stimmung so rasch ändern kann. Zwischenzeitlich ließ ich meiner Fantasie freien Lauf und genoss die Vorstellung, wie unter den Wurzeln kleine Gnome ihre Häuser bauten und die Elfen durch die Baumwipfel lugten.

Auf meiner Reise durfte ich zwei sehr magische Orte besuchen. Vielleicht hast du schon einmal etwas von sogenannten „Kraftplätzen" gehört?

Jeder spürt die Energie an unterschiedlichen Orten unterschiedlich intensiv, aber für mich war es eindeutig, dass an diesen beiden Orten eine besondere Form der Energie herrscht. In der östlichen Naturheilkunde ist es schon lange bekannt und mittlerweile auch in unserer westlichen Welt kein Geheimnis mehr, dass der menschliche Körper von sogenannten „Meridianen", den feinstofflichen Energieleitbahnen des Körpers durchzogen wird.

Auch unser Planet besitzt solche Energieleitbahnen. Und an den Stellen auf der Erde, wo sich eine Vielzahl dieser Erdmeridiane kreuzen, herrscht ein absolut einzigartiges Schwingungspotential direkt unter unseren Füßen. Aus diesem Grund ist es ein Geschenk für unser ganzes Wesen, wenn wir an solchen Orten unsere Schuhe ausziehen und barfuß die Energie von Mutter Natur und ihrer heilsamen Schwingungsfrequenz über unsere Fußsohlen aufnehmen. Es ist kein Wunder, dass an diesen Orten vor langer Zeit immer wieder geschichtlich tragwürdige Gebäude errichtet wurden. Einige Menschen vermuten noch nicht einmal sagen können, wo sich Norden und Süden befinden. Ich blickte von meiner Karte auf und sah mich um. Um mich herum befand sich lediglich ein Haufen gerodeter Bäume und weit und breit kein Schild, dass mich darauf hinwies, welchen Weg ich gehen sollte. Möglicherweise habe ich schon zuvor eine falsche Abzweigung gewählt. Nach guten 15 Minuten absoluter Planlosigkeit musste ich schließlich eine Wahl treffen. Also entschied ich mich für den Weg durch den Wald und bescherte mir damit schlappe 10 km Zusatzstrecke.

Was ich an diesem Tag lernen durfte, waren drei Dinge:

1. Verstrickst du dich in Gedanken über Zukunft und Vergangenheit, verlierst du deinen Weg im Hier und Jetzt.

2. An dem Punkt, wo du denkst, deine Kräfte wären restlos ausgezehrt, beginnt eine andere Kraft dir den Weg zu ebnen und stellt Dir ungeahnte Reserven zur Verfügung

3. Es gibt mehrere Stimmen in deinem Kopf die versuchen werden, dir die Welt zu erklären. Folge der Stimme deines Herzens.

Bis heute kann ich mir nicht erklären, warum ich mich an diesem Tag im wahrsten Sinne des Wortes so dermaßen verrannt habe. Mir tat einfach alles weh, vom kleinen Zeh bis hinauf zur Hüfte und vom Rücken ganz zu schweigen. Aber was hätte ich an diesem Punkt anderes machen sollen? Ich hatte wieder einmal keine Wahl. Ich musste weiter gehen. Ich konnte mich ja schlecht mitten im Wald wie ein kleines Kind heulend auf den Boden schmeißen und hoffen das mich das Taxi mitten in der Pampa abholt.

Als hätte das Schicksal geglaubt, dass ich meine Lektion immer noch nicht wirklich verinnerlicht hatte, begab ich mich also frohen Mutes auf die letzten Kilometer der Tagesetappe. Glücklicherweise war ich mir zu dem Zeitpunkt noch nicht darüber im Klaren, dass mich die Spitze des Eisberges erst noch erwarten würde. Nachdem ich mich gefühlt ein weiteres Dutzend Mal verlaufen hatte, durchwanderte ich ein sehr felsiges, gerodetes Tal.

Viele Steine lagen auf dem Weg und trotz der atemberaubenden Schönheit der Natur konnte ich jetzt schon erahnen, dass dies hier kein leichter Weg werden würde. Umgefallene Bäume, die über eine Schlucht hinausragten, ließen mich einen langen Moment innehalten, denn ich fühlte mich wie an einem apokalyptischen Ort angekommen. Es erinnerte mich an das "Nichts" aus meinem Lieblingsbuch von Michael Ende "Die unendlichen Geschichte".

Es gibt im Leben immer wieder Anblicke, die rauben dir den Atem, weil sie einfach zu massiv und gigantisch sind, um sie zu erfassen. Respekteinflößend. Dies war einer dieser Momente. Da mich jedoch nach und nach der Hunger quälte zögerte ich nicht lange und ging forschen Schrittes weiter. Rasch gelangte ich an die nächste Gabelung, blickte zum Himmel hinauf und stöhnte laut, während ich zum wiederholten Male an diesem Tag genervt die Augen verdrehte. Ein Schild erklärte mir, dass der offizielle Hexenstieg leider aufgrund von Umsturzgefahr der von Borkenkäfern befallenen Bäume gesperrt sei, also blieb mir in dieser Situation nichts anderes übrig als den ein wenig gruselig wirkenden Alternativweg zu wählen.

Dass es sich hierbei um einen Pass am Rande eines steinigen Berges handelte, wusste ich zu diesem Zeitpunkt noch nicht. Ich kann mich noch sehr gut daran erinnern, wie ich zu Anfang noch ein kleines Video gedreht hatte, in dem ich meinte: "Das kann doch kein offizieller Weg sein".

Denn es war gefährlich.

Überall lagen kleine Steinbrocken herum und Unebenheiten forderten mich dazu auf jeden noch so kleinen Schritt mit vollem Bewusstsein auszuführen. Als ich nach den ersten Metern um eine Ecke bog und sah, dass es links von mir kilometerweit in die Tiefe ging, musste ich notgedrungen über meinen Schatten springen.

"Ich entscheide mich dafür zu glauben, dass Dinge möglich sind, auch wenn ich nicht weiß, wie sie geschehen werden"

Ich weiß noch, dass solche Kletteraktionen in meiner Beziehung für mich ein absoluter Graus waren. Ich habe es nie verstanden, wie Ben es lieben konnte, sich immer wieder in solche Gefahrensituationen zu begeben. Trotzdem führte für mich nun kein Weg mehr zurück, denn natürlich hatte ich mit dem Gedanken gespielt auf der Stelle kehrtzumachen, mich auch für einen kurzen Moment umgedreht aber dann erkannt, dass der Aufstieg wahrscheinlich noch gefährlicher sein würde als der Abstieg. Ich übertreibe nicht, wenn ich sage, dass mich jeder falsche Schritt in diesem Moment mein Leben gekostet hätte.

Und dieser Adrenalinschub ist meinem Körper natürlich nicht entgangen. Meine Beine zitterten, krampften. Ich war in diesem Moment so hoch konzentriert dabei, mir mein Überleben zu sichern, dass mein Körper alles gab, um eine perfekte Einheit mit meinem Geist zu bilden. Kurze Momente nutze ich, um stehen zu bleiben und zu atmen. Trotz der zitternden Beine weiß ich noch zu gut, dass ich eine Erkenntnis ab diesem Zeitpunkt definitiv in Stein meißeln konnte:

Wenn der Weg tödlich zu sein scheint, ist die Aussicht lebenswert.

Es war einfach atemberaubend. Von meiner doch etwas heiklen Position aus, hatte ich einen spektakulären Überblick über das gesamte Tal und noch weiter hinaus. Noch nie in meinem Leben hatte ich so etwas Atemberaubendes zu Gesicht bekommen. Natürlich kam in mir die Frage auf:

Lohnt es sich im Leben den Weg zu wählen von dem man glaubt, dass er einen umbringt? Lohnt es sich die Wege zu wählen, die einem vor Angst die Beine zittern lassen? Lohnt es sich, über die kleine Stimme im Kopf hinweg zu hören die uns aus Gewohnheit immer wieder einreden möchte, das man vor solchen Situationen doch schon immer Angst hatte und man es auch dieses Mal nicht schaffen wird? Ich kann dir eins aus vollem Herzen versichern: JA! Es lohnt sich!

Die einzige Regel, die es in solchen Momenten zu beachten gibt, ist: Bleibe bei dir. Verlass dich nicht selbst. Vertraue dir. Denn wenn du aus dir selbst herausrutscht und anfängst dich neben dich selbst zustellen, in Panik zu geraten und kopflos zu reagieren... Na, dann wirst du mit großer Sicherheit die Klippe hinabstürzen.

Dieser wunderbare Moment hat mich im Nachhinein viele weitere Erlebnisse meiner Beziehung reflektieren lassen können, vor allem die Thematik des Streitens einmal in einem ganz anderen Licht betrachten lassen.

Denn ein Streit, wenn man sich denn dann schon so weit selbst verlassen hat, dass er überhaupt entstehen konnte, ist nichts anderes als an diesem Abhang zu stehen. Du hast nur zwei Möglichkeiten.

1. Entweder, du bleibst fokussiert bei dir selbst. Nimmst die in dir ausgelösten Emotionen wahr, beobachtest und akzeptierst sie und betrachtest die gesamte Situation einmal aus der Beobachterperspektive und behältst somit einen kühlen Kopf.

2. Du stehst vollkommen neben dir selbst. Tänzelst emotional mit beiden Beinen um die von dir empfundenen Emotionen herum, lässt unbedacht Worte aus deinem Mund heraus sprudeln, die dafür sorgen, dass du Stück für Stück den Abhang herab rutscht.

Option Nr.1 sichert dir in diesem Fall nicht nur ein gesundes Verhältnis zu dir selbst, sondern ist auch fast ein Garant dafür, dass du eine glückliche und erfüllte Beziehung nicht nur mit deinem Partner führen kannst, sondern auch mit all den anderen wertvollen Menschen in deinem Umfeld, die etwas in dir auf"regen".

Option Nr.2 sichert dir mit absoluter Sicherheit auf kurz oder lang das Scheitern deiner Beziehung. Das Scheitern deiner Beziehung zu dir selbst und zu deinem Partner. Und zu deinem Umfeld. Denn eins musst du verstehen. Es gibt nicht ohne Grund einige universelle Gesetze, die uns das Leben leichter verständlich machen sollen. Und wenn es jemand schafft, sich mit dir zu streiten, dich aufzuregen und dich dazu zu bringen aus deiner Haut zu fahren und dich selbst und dein inneres Kind in diesem Moment im Regen stehen zu lassen:

Na, dann herzlichen Glückwunsch! Hier haben wir ein Haufen Potenzial entdeckt, mit dem wir arbeiten können. Denn in diesem Moment darfst du dir selbst eingestehen, dass du persönlich, seelisch und in deinem Herzen noch einige offene Wunden hast, die es zu heilen gibt. Sonst könnte dich immerhin niemand in diesem Maße auf „regen".

Denn es können immer nur Emotionen auf geregt werden, die mit noch nicht verarbeiteten Gefühlen zusammenhängen. Aus diesem Grund ist es einfach unfair während einer Streitsituation dem Partner die Schuld dafür zu geben, dass es überhaupt so weit eskalieren konnte.

Auch wenn es ernsthaft geisteskrank klingt, wenn ich jetzt sage, was ich sagen möchte und werde: Sei dankbar! Beginne zu lächeln, sieh dir das Entwicklungspotenzial an das dir dein Gegenüber mit der Offenbarung deiner noch nicht geheilten Seelenwunden geliefert hat, nimm ihn in den Arm und bedanke dich!

Pack dein Ego zur Seite, sei dankbar für die Lernaufgabe und beginne, dich um deinen eigenen Kram zu kümmern. Denn davon gibt es ja wohl anscheinend noch eine ganze Menge! Glaube mir.

Je weiter du im Einklang mit dir selbst lebst und dich vom Leben in die tiefen Wunden deiner Seele eintauchen lässt, desto mehr Harmonie wirst du in dein Leben ziehen, weil einfach kaum noch etwas vorhanden ist, dass dich triggern kann. Im gegenwärtigen Moment. Vertrau jedoch darauf, dass das Universum dir immer zur rechten Zeit die richtigen Menschen schicken wird, die dich darauf hinweisen, dass du mal wieder ein paar Hausaufgaben zu erledigen hast. Und wenn es keine Menschen oder Begegnungen sind, dann sind es vielleicht körperliche Symptome, die dir gewisse Dinge aufzeigen sollen. Nachdem ich es dann schließlich den Abhang lebendig heruntergeschafft habe, war ich stolz. Ich habe geweint und war stolz und habe gehofft, dass der Weg gleich vorbei sein wird. Pustekuchen.

Der restliche Weg führte mich erneut einen weiteren Berg hinauf und brachte mich an meine körperlichen Grenzen. Zum krönenden Abschluss durfte ich die letzten 3 km, zur Freude meines Egos, an der Bundesstraße zu meinem Hotel entlangwandern.

"Es ist schwer, den Schmerz zu vergessen aber noch schwerer, sich an das Gute zu erinnern. Denn wir haben keine Narben von den schönen Momenten unseres Lebens.

Wir lernen leider so wenig aus Frieden"

An diesem Abend geschah noch eine weitere unerwartete Begegnung. Ich durfte die Seelenwunde meiner ersten Beziehung auflösen. 8 Jahre hat es gedauert, bis das Universum damit einverstanden war, dass wieder Kontakt entstehen sollte und wir uns über die Vorkommnisse der Vergangenheit austauschen konnten.

Es ist unvorstellbar, wie vertraut einem die Stimme eines Menschen erscheint, mit dem man einen ganzen Lebensabschnitt verbringen durfte, dann aber fast ein Jahrzehnt keinen Kontakt mehr hatte. Wie genau es dazu kam, dass wir für diesen Moment zueinander gefunden habe kann ich gar nicht mehr so genau sagen. Ich vermute wir haben uns über die sozialen Medien verbunden und nach einem kurzen Plausch vereinbart, dass wir uns nach so langer Zeit persönlich miteinander austauschen wollen. Interessanterweise kam er in dem Moment auf mich zu, nachdem sich die Beziehung zwischen ihm und seiner Partnerin, für die er mich damals verlassen hatte, gelöst hatte.

Wir bekamen an diesem Abend die Möglichkeit einige Momente aus der Vergangenheit Revue passieren zu lassen, neu zu bewerten und wohl auf beiden Seiten zu lösen und auf eine gewisse Art und Weise loszulassen. Nachdem wir das ca. 2-stündige Gespräch beendet hatten, saß ich noch eine ganze Weile auf dem Balkon der kleinen Küche des Jugendheims, in dem ich die kommende Nacht verbringen sollte, und atmete tief durch. In diesem Moment ist etwas passiert, dass man einfach nicht weiter "totdenken" braucht.

Ich weiß nicht, ob du das Gefühl kennst, aber manchmal entsteht eine Ruhe in deinem Körper, die dich wissen lässt: Alles ist okay. Genauso wie es ist. Natürlich hatten wir im Anschluss an dieses Telefonat versucht, den Kontakt zu halten, aber anscheinend sollte es nicht funktionieren und es war lediglich die Intention des Universums mir die Nachricht zu übermitteln, dass alles zum richtigen Zeitpunkt den Weg zurück in mein Leben findet. Selbst wenn es dafür 8 Jahre benötigt.

Es gibt viele erkenntnisreiche Momente in denen wir plötzlich mit der angeknipsten Glühbirne über dem Kopf, im wahrsten Sinne des Wortes, strahlend durch die Gegend laufen. Das ist für eine ganze Weile ein absoluter Segen, wird aber leider nicht lange anhalten. Dass es für dieses Auf und Ab im Leben ein Wort gibt, durfte ich erst viel später von meinem Papa erfahren. Somit jagte mich das Leben auch auf dieser Wanderung immer wieder durch eine neue "Heilkrise", die ich zu diesem Zeitpunkt meines Lebens einfach nur verflucht habe. Ich konnte es nicht verstehen. Am frühen Morgen laufe ich mit einer strahlenden Glühbirne durch die Gegend und am Nachmittag klopft das Universum an die Tür und fragt mich, ob ich mir wirklich sicher bin, dass ich das Kabel in die richtige Steckdose gesteckt habe.

Bald sollte ich erkennen, dass diese Angewohnheit des Lebens jedoch keinesfalls ein Fluch, sondern ein absoluter Segen von dem Universum an unser Entwicklungspotenzial ist.

Schon lange bevor ich auf die Wanderung ging, hatte mein Papa zu mir gesagt:

"Das Leben wird immer eine wilde Berg- und Talfahrt sein. Stell dir mal vor, es würde nur geradeaus gehen. Aber auf eins kannst du vertrauen: du wirst lernen, besser auf den Wellen des Lebens zu reiten. Sie werden dir, mit ein wenig Übung weder wirklich hoch noch tief vorkommen. Eines Tages bewegst du dich auf den sanften Wogen des Lebens, kannst mit einem Lächeln auf die lehrreichen Lektionen des Lebens schauen und dich in voller Dankbarkeit von jeder Welle tragen lassen".

Damals und auch heute habe ich das Gefühl, dass das Ego und unser Universum kurioserweise irgendwie Hand in Hand gehen.

Einer auf der linken, der andere auf der rechten Schulter sitzen sie da, im Wissen über meine Fortschritte und entscheiden sich dafür:

Jetzt testen wir mal, ob sie es wirklich ernst meint.

In diesem Zuge stelle ich mir die ernsthafte Frage:

Ist uns unser Ego wirklich immer negativ gesonnen? Versucht es uns nicht einfach immer nur in Schutz zu nehmen, weil wir es ihm so lange Zeit antrainiert und abgefordert haben? Ist es nicht vielleicht einfach nur ein Werkzeug unserer Seele, mit dessen Hilfe sie uns immer wieder die Frage stellt:

"Na... bist du wirklich schon so weit wie du denkst?"

An dieser Stelle gebe ich dir eine lieb gemeinte Frage mit auf den Weg: Wenn wir anfangen unser Ego liebevoll zu umarmen und ihm einen Platz in unserem Leben zu geben, hört es dann auf gegen uns zu rebellieren? Das Ego als unsere unterdrückte Schattenseite zu erkennen und zu verstehen, dass wir nur dann in Liebe und Licht leben können, wenn wir die Stärke entwickeln, mutig unsere Schattenseiten anzuerkennen, sie zu durchleben und Seite an Seite mit Ihr das Leben zu bestreiten?

"Vielleicht braucht man manchmal eine zweite Chance, weil die erste zu früh kam"

Menschen, die unseren Weg kreuzen, von denen wir sagen: „Mit diesem Menschen kann ich einfach keinen gemeinsamen Weg finden, er stört meinen Frieden". Sind es nicht genau diese Menschen, die uns auf dem Weg zu unserem Frieden die besten Lehrer sind?

Sind es nicht genau diese Menschen, mit denen wir uns konfrontieren „müssen", um zu der strahlenden Version unserer selbst zu werden die wirklich und wahrhaftig tief in sich verwurzelt ist? Sind diese Menschen nicht eben genau das Abbild unseres Egos, dass uns immer wieder daran erinnert, in voller Liebe zur Seite zu treten und die Sonne in unser Leben zu lassen?

Am Abend dieses sehr ereignisreichen und voller Erkenntnissen gefüllten Tages gab es für mich nicht mehr viel zu tun. Vom Badezimmer hielt ich mich weitestgehend fern, da die Herbergsmutter nicht dazu in der Lage war, den Motten an den alten Halogenlampen ihren Mietvertrag zu kündigen. Auch sparte ich es mir die Bettwäsche zu nutzen die sie mir bereitgelegt hatte. Die Müdigkeit überkam mich, sobald ich in dem leicht unheimlichen kleinen 4 Bettzimmer unter der nackten Bettdecke lag und meine Augen kaum noch aufhalten konnte.

Also gab ich mich nach einem heißen Duschen ruhigen Gewissens meiner Traumwelt hin in der Hoffnung, dass am nächsten Tag etwas Wunderbares und Einzigartiges geschieht.

FREITAG, DER 09/08/19

Von Torfhaus über 2 Annen Höhe nach Königshütte 25 km 38875
Elbingerode OT Königshütte

Als am nächsten Morgen der Wecker klingelte, fühlte ich mich wie von einem Bus überfahren. Kaum hatte ich es geschafft die Augen zu öffnen, rückte die Erinnerung an die Geschehnisse des letzten Abends zurück in mein Bewusstsein. Irgendwie hatte es mich nicht verwundert, dass er, genau zu diesem Zeitpunkt, den Kontakt zu mit gesucht hatte. Gut möglich, dass es Teil seines Seelenweges war, die Verbindung mit mir aufzulösen, nachdem er sich von der Frau getrennt hat, wegen der er mich vor 8 Jahren verlassen wollte.

Ich vermute, dass ich in diesem Fall nicht die einzige Frau bin die solch eine Erfahrung machen durfte. Auch wenn man es nicht pauschalisieren sollte und wir Frauen manchmal kein Deut besser sind als so mancher Mann, sind sie doch alle aus ein und demselben Holz geschnitzt.

Sobald sie merken, dass sie nur eine rosarote Brille getragen haben, trifft es sie wie ein Schlag und alles steht Kopf. Auf einmal fühlen sie sich wieder erinnert an das, was einmal war und verschwenden ihre Energie, um Brücken zu bauen, wo einst welche standen. Mit den Gedanken an den vergangenen Abend im Bauch warf ich also die Bettdecke zur Seite, setzte mich schwungvoll auf und kreiste meinen Kopf einige Male vorsichtig in beide Richtungen.

Nachdem ich verstanden hatte, dass es durchaus Sinn macht, den Rucksack gut auf den Hüften und weniger auf den Schultern festzuschnüren, hatten die Schmerzen in meiner Nackenmuskulatur deutlich nachgelassen. Anschließend ging ich mich im nebenan liegenden Bad auf den vor mir liegenden Wandertag vorbereiten, und musste mich unweigerlich daran erinnern, dass es in dieser Herberge nicht unbedingt vor Sauberkeit glänzte, denn schon wie gestern Abend begrüßten mich auch um diese Uhrzeit eine Schar Motten an dem vom Sonnenaufgang beleuchteten Badezimmerfenster.

"Schnitze das Leben aus dem Holz, dass du hast"

Ich erledigte meine Morgenroutine schnell, zog mich an, packte meinen Rucksack und ging Richtung Speisesaal, wo mein Frühstück schon auf mich wartete. Meine Beine schmerzten und erinnerten mich nicht nur an den vergangenen Abend, sondern viel mehr an die teuflische Strecke, die ich hinter mir gelassen hatte.

Während ich langsam kauend mein Brot aß, dachte ich an die Irrwege, die ich mir am vorherigen Tag selbst zuzuschreiben hatte, an den wunderschönen Märchenwald und die waghalsige Teufelsschlucht. Alle drei Erinnerungen steckten mir spürbar in den Knochen. Schon während des Frühstückens breitete sich eine unangenehme innere Unruhe in mir aus. Aus diesem Grund beeilte ich mich ein paar letzte Happen zu mir zu nehmen, verstaute das restliche Brot als Proviant in meinem Rucksack und steuerte nach einem abschließenden Plausch mit der Herbergsmutter schnurstracks auf die Ausgangstür zu, wo meine Wanderschuhe schon auf mich warteten.

In diesem Moment huschte mir ein Lächeln über das Gesicht, für einen kurzen Augenblick verschwand die Unruhe in mir und ich nahm mir Zeit, meine Schnürsenkel straff zu binden und einige Male tief in mein Herz ein und wieder auszuatmen.

DAS MANTRA EINER WANDERIN

"Man sollte von Zeit zu Zeit von sich zurückkehren,
wie ein Maler von seinem Bild"

Die ersten Meter des Tages waren wieder einmal die Hölle. Was habe ich auch anderes erwartet.

Da ich als Sportlerin nicht auf die Idee gekommen war, mir vorsorglich ein paar Ampullen Magnesium mitzunehmen wurde ich aufgrund der schmerzenden Muskulatur wurde ich so stinkig auf mich, dass ich mich nach den ersten 300 Metern an der nächstbesten Rastmöglichkeit hinsetzte und mit meinem Vorhaben in einen Streik ging.

Ich musste all meine Gedankenkraft aufbringen, um mich davon zu überzeugen, dass dieser ganze Mist hier überhaupt Sinn macht. Gestern noch war ich begeistert von meiner Erkenntnis, die Theorie der Selbstliebe verinnerlicht zu haben.

Heute hatte ich keinen blassen Schimmer mehr, wo all das Wissen hin war. Was habe ich noch in den letzten Tagen gelernt? Mit einem Wandermantra läuft es sich leichter. Ich kniff mir also selbst in die linke Arschbacke und raffte mich auf die nächsten Kilometer in Angriff zu nehmen.

Heute beginne ich also mit dem Wandermantra: Weiter. Zu mehr bin ich nicht in der Lage, um all meine Gedanken zum Schweigen zu bringen und meine Beine dazu zu bewegen wirklich einen Fuß vor den anderen zu setzen.

"Wei-Ter, Wei-ter, Wei-ter, Wei-ter...", murmelte ich leise vor mich hin.

Und so ging es tatsächlich die ersten paar Hundert Meter für mich voran. Dauerhaft in der Versuchung mich in Bildern von Ben und Ronja mit mir zusammen auf der Couch zu suhlen, mich von meinem Verstand in Traumvorstellungen verwickeln zu lassen, die zu diesem Zeitpunkt einfach vollkommen kontraproduktiv und surreal waren.

Eins ist mir jedoch äußerst lebhaft in Erinnerung geblieben: die Landschaft war von Anfang an atemberaubend und wunderschön. Vorbei ging es zu Beginn für mich an kleinen, zart plätschernden Bachläufen auf eher kahler Strecke.

Ich war erstaunt wie viele kleine Blumen doch dort an einem Ort in bunten Farben erstrahlen konnten, wo die Dürre immer mehr Einzug hielt.

Nachdem ich einen kurzen Moment inne hielt, den Anblick für eine ganze Weile genoss und den Blick schweifen lies ging ich in Gedanken die heutige Route durch.

Ich hatte ein großes Tagesziel vor mir.

Die Besteigung des Brocken.

Ich wusste ganz genau, warum ich den Aufstieg schaffen wollte.

Ich machte es für ihn. Irgendwie. Aber auch für mich.

Ich hatte immer wieder seine Worte im Kopf von einer kleinen Wandertour, die wir gemeinsam im letzten Jahr durch den Harz gemacht haben. Als ich schnaufend und schwer atmend den Weg hinter ihm herlief, schaute er mich grinsend an:

„Das nennst du schon wandern? Mein Dad und ich sind damals den Brocken hochgestiegen und erst wenn du das gemacht hast, weißt du, wie sich wandern und bergsteigen wirklich anfühlt".

"Was wir heute sind, stammt aus unseren Gedanken von gestern und unsere Gedanken von heute erschaffen unser Leben von morgen.

Unser Leben entsteht aus unserem Geist."

Und nun stand ich da. Es war quasi Bergfest. Im wahrsten Sinne des Wortes. Die Sonne schien mir mitten ins Gesicht und ich hatte ein fantastisches Wetter geschenkt bekommen. Fast ein wenig zu warm, wenn ich darüber nachdachte, was für einen Weg ich noch vor mir hatte. Dabei war ich laut Karte noch nicht einmal in der Nähe des Brockens angekommen.

Die ersten Kilometer ging es rundherum und rundherum in vielen Kreisen mit leichter Steigung um einen Berg und ich dachte, ich würde mein Ziel nie erreichen. Alle paar Hundert Meter begrüßten mich gut gelaunte Wanderer oder auch Pärchen, Hand in Hand mit vollem Elan vom Brocken kommend. Es dauerte nicht mehr lange, bis ich diesen unfassbar majestätischen Berg aus der Ferne erblicken durfte. In meinem Kopf herrschte erstaunlicherweise eine entspannende und wohltuende gähnende Leere. Der schmerzende Körper hat meine Gedanken zum Schweigen gebracht und anscheinend auch mein Energiebarometer für komplizierte und selbst bemitleidende Gedanken endlich aufgebraucht.

"Es gibt keinen Weg zurück", murmelte ich im Stillen vor mich hin.

Also wanderte ich Schritt für Schritt den Berg hinauf. Sobald meine Gedanken zwischendurch wieder anfingen abzuschweifen, bediente ich mich meiner mittlerweile erprobten Mantren: "Wei-ter" und "Lie-be" und was mir nicht sonst noch alles so einfiel. Zeitweise waren es auch kurze, gesungene Zeilen im Lauftakt meiner Schritte. Man wird sehr einfallsreich, wenn knapp 1400 Höhenmeter in der prallen Sonne vor einem liegen. Nach ungefähr 45 Minuten kam ich dem Ziel näher und sah die ersten Hütten und das Museum mit der Aussichtsplattform hinter den Bäumen auftauchen. Meine Augen begannen sich mit Wasser zu füllen.

"Man kann im Leben fast alles ersetzen. Außer die Zeit"

Die Spitze des Brockens erreicht, verflüchtige sich die Trauer jedoch just in dem Moment, als ich mich umsah, denn ich war erschlagen von der Schönheit des Ausblicks.

Da die Uhr Mittagszeit einläutete und ich nach diesem Aufstieg wahrhaftig ein lautes Knurren in der Magengegend vernahm, ging ich sehr zielstrebig zur Pommesbude und genoss für vollkommen überteuerte 9 Euro eine Currywurst mit Pommes. Ich saß eine ganze Weile mit meinem Essen und der viel zu kalten Cola, die ich zu ebenso utopisch teuren Touristenpreisen ersteigert hatte, auf einer Bank am Rande des Berges und konnte und wollte meine Gedanken in diesem Moment nicht mehr zurückhalten. Die Tränen liefen erneut in Bächen meine Wangen herunter und aus einer einspurigen Autobahn entwickelte sich nun eine zweispurige Baumaßnahme inklusive Autobahnkreuz.

Ich zog meine Kapuze noch fester zu und war froh, dass es sehr stark windete, sodass niemand hinterfragen musste, warum ich dick eingepackt und fest zugezogen mit meiner Windjacke dort auf der Bank saß. Bilder flogen durch meine Gedanken, von vergangenen Momenten sowie der Vorstellung davon, wie es wäre, wenn wir jetzt gemeinsam die einzigartige Aussicht hier auf dem Brocken bestaunen würde. An unserer Seite die kleine Ronja welche komplett durch gepustet von dem Wind aber mehr als glücklich nach diesem unfassbar spannenden Aufstieg wie wild um und herumwuseln würde.

Ich suhlte mich wieder einmal eine ganze Weile in diesem Gefühl, wusste aber natürlich, dass es sowohl jetzt als auch später niemandem weiterhelfen würde, wenn ich nicht langsam, aber sicher aus diesem Spiel ausstieg. Also stand ich auf, entsorgte meinen teuren Müll im Mülleimer neben dem Tisch, schnallte mir meinen Rucksack wieder auf dem Rücken fest, ging los und umrundete die Aussichtsplattform. Ich blickte ins Tal hinab, ging ein Stück weiter Richtung Museum und entschloss mich dazu, mir ein kleines Andenken in Form eines Ansteckers mitzunehmen, bevor ich den Brocken wieder hinabsteigen würde. Oft begegnet man nach Momenten der tiefsten Trauer den inspirierendsten Menschen. Als würde das Universum dir sagen wollen:

"Hey pass auf! Ich weiß, dass es gerade sehr weh getan hat, aber du sollst wissen, dass ich immer auf deiner Seite bin".

"Probleme kann man nie mit derselben Denkweise lösen, durch die sie entstanden sind"

Und genauso verlief auch mein Gespräch mit der Verkäuferin des Souvenirshops.

Nachdem ich mich ein wenig umgesehen hatte und mich schlussendlich für einen kleinen Runden Anstecker mit einer auf dem Besen sitzenden Hexe entschieden hatte, wandte ich mich an die Kasse, um zu bezahlen. Ich weiß gar nicht mehr genau wie wir auf das Thema kamen, allerdings handelte unsere mindestens 20-minütige Unterhaltung von der wahren Bedeutung des Lebens und wie schaurig die Dame mittleren Alters hinter dem Tresen es doch fand, wie viele Menschen den Wert ihres eigenen Daseins nicht mehr zu schätzen wussten. Aufgrund eines schweren Schicksalsschlages in ihrem Leben wurde diese starke Frau quasi dazu gezwungen, ihre Gewohnheiten vollkommen zu überdenken.

Heute sei es ein Graus für sie zu sehen, für welche Statussymbole die Menschen eines der höchsten Güter auf der Welt aufs Spiel setzten: Ihre Gesundheit. Du hast den Satz sicher schon häufig gehört:

"Kein Geld der Welt darf es dir wert sein, dass du deine Gesundheit dafür aufs Spiel setzt."

Erlebte Momente und Abenteuer sind mehr wert als all das Geld, das du in deinem ganzen Leben verdienen könntest. Ich frage mich häufig:

Wie kann es denn bitte sein, dass selbst augenscheinlich spirituell gefestigte Menschen immer mal wieder in diese Falle tappen? Dass sie sich überarbeiten für eine Sache, die ihrer Leidenschaft entspricht, sich dabei aber vollkommen selbst vergessen und eines Tages wie erschlagen dastehen und gar nicht verstehen, warum ihr Körper ihnen genau jetzt Signale sendet, die nicht ins Zeitmanagement passen? Warum merken wir es manchmal erst so spät?

ABSCHIED NEHMEN

"Es ist nicht deine Aufgabe jemanden aufzuwecken, der die Chance verschlafen hat, mit dir glücklich zu sein"

Dieses kurze Gespräch mit der Dame hinter dem Tresen hat mich mit wertvollem geistigem Input gefüttert und ich fühlte mich, nachdem ich mir tatsächlich trotz gefühlten 4 Grad Minus, noch ein Eis am Stiel mitgenommen hatte dazu bereit, diesen für mich sehr bedeutsamen Ort hinter mir zu lassen. Aus diesem Grund habe ich mir, nachdem ich den Shop verlassen hatte, für einen kurzen Moment einen ruhigen Ort gesucht, um mich von diesem Berg zu verabschieden. Ein kleines Ritual an Orten, die dich emotional aufwühlen kann sehr gut helfen um die damit verbundenen Emotionen loszulassen.

Und somit verabschiedete ich mich von der Erinnerung an Ben und mich im Wald, als wir das erste Mal über den Brocken gesprochen haben. Ich verabschiedete mich auch von der, von mir erzeugten, Vorstellung, wie es gewesen wäre, mit den beiden gemeinsam hier oben die Welt zu erkunden. Ich schickte ein liebevolles Dankeschön Richtung Himmel, verabschiedete mich mit einem geflüsterten: "Bis Bald" und trat meinen Weg zurück Richtung Fuß des Brockens an.

Es ging ausschließlich bergab. Und damit meine ich diesmal nicht meine mentale Verfassung, sondern wirklich nur den Weg.

Wenn ich jemals davon überzeugt gewesen war, der Aufstieg auf den Brocken sei schwer gewesen, dann hatte ich keine Ahnung, was ein Abstieg mit anschließendem kontinuierlichen leichten Gefälle dem Körper abverlangen würde. Denn tatsächlich schafft man es bergauf alleine mithilfe der Muskelkraft sein Ziel zur erreichen, aber beim Abstieg und dem schon erwähnten permanent leichten Gefälle haben meine Muskeln gefühlt nicht mehr viel mitzureden. Hier ging es ans Eingemachte, an die festen Strukturen, auf die Gelenke, Sehnen und Bänder. Ich glaube, dass es keine neue Erkenntnis ist, dass es zwar anstrengend sein kann, wenn es im Leben bergauf geht, aber noch viel herausfordernder, wenn es bergab geht und dementsprechend nicht so gut läuft.

"Egal wie anstrengend dein Weg bergab auch sein mag. Vergiss nicht, dass du die Möglichkeit hast diese Strecke zu nutzen um Anlauf zu nehmen."

Glaub daran.

Und zwar jedes Mal, wenn du merkst, dass etwas nicht so läuft, wie du es dir vorstellst.

Das Geheimnis besteht lediglich darin, den Schwung des Gefälles zu nutzen, um die nächsten Anstiege einfacher zu meistern. Denn genau so ist es. Die wahre Arbeit an dir, deinem Geist und deiner persönlichen Lebenseinstellung entwickelst du in den augenscheinlich schweren Zeiten. In den schweren Zeiten triffst du die für dich ausschlaggebenden Entscheidungen wie es weiter gehen soll und was sich ändern darf.

Du setzt Meilensteine auf deinem Weg. Wenn es bergauf geht, gibst du dich dem Flow hin. In diesen Momenten bedarf es kaum einer monumentalen Ent "scheidung". Die Dinge fließen einfach. Aber in den Zeiten, wo du merkst:

"Oh hey! Hier stimmt aber etwas ganz gewaltig nicht", bist du gefordert dein Glück wieder in die eigene Hand zu nehmen und dich dafür einzusetzen, dass deine Berg- und Talfahrt nicht mehr länger einem Grand Canyon gleicht, sondern mehr einer Fahrt durch seichte Berglandschaften ähnelt.

Hierbei handelt es sich tatsächlich um eine wichtige Sache, die jeder von uns lernen sollte: Die Dinge rechtzeitig zu erkennen. Wege, die ins Tal führen rechtzeitig war zu nehmen und direkt zu entscheiden: Ist das jetzt eine Entscheidung für mein Glück oder lasse ich etwas für mich entscheiden, mit dem ich nichts zu tun haben will?

Leider ist diese Fähigkeit in kaum einem Menschen noch aktiv. In der heutigen Zeit von "Höher, Schneller, Weiter", in der es nur noch um Leistung und Materialismus geht haben wir verlernt, rechtzeitig auf unsere innere Stimme zu hören. Tatsächlich arbeiten wir lieber das dritte Mal in der Woche länger, weil wir glauben, es handle sich bei der Tätigkeit, der wir nachgehen um Traumjob oder um unsere Berufung. Lieber kommen wir abends spät nach Hause, vernachlässigen die Familie und die Zeit mit uns selbst und scheißen auf die Meditation, weil wir schnell ins Bett müssen, um für den nächsten Tag und unsere Kollegen wieder fit zu sein. Ich würde gerne wissen, wie oft in den Köpfen der Menschen intuitiv der Gedanke:

"Ich würde ja gerne, aber.." entsteht und wie oft sie ihm NICHT folgen.

Wie oft wir unseren eigenen seelischen Spielplatz nur mit einem müden Lächeln betrachten und uns sagen: "Ich würde ja gerne, aber ich muss ja erst.."

"Sei mutig genug, eine Situation zu verlassen, die dir nicht guttut"

Es reicht vollkommen aus, wenn wir klein anfangen, indem wir beispielsweise damit beginnen, uns wieder auf unserem eigenen inneren Spielplatz zu bewegen. Meine Wander- und Spaziergehmentalität zum Beispiel ist ein Teil meines Spielplatzes. Sie treibt viele Menschen oft in den Wahnsinn, da ich mich selbst als "intuitive Entdeckerin" bezeichnen würde.

Es gibt den Weg, auf dem ich starte und wenn ich den inneren Impuls verspüre, dass es ein tolles Erlebnis sein würde, links durch den Wald zu wandern, na dann gehe ich halt links durch den Wald. Oft ohne Rücksicht auf Verluste was mein Schuhwerk oder die Hose betrifft. Auch meine Beifahrer haben schon das ein oder andere Mal miterleben dürfen, wie ich mit einer Vollbremsung an einer Stelle im Ort oder am Waldrand angehalten habe und meinte:

"Das möchte ich mir jetzt ansehen".

Allerdings gab es auch bei mir oft die Situationen, in denen ich schlussendlich einfach weiter geradeaus gewandert bin oder nicht angehalten habe, sondern einfach weiterfahren „musste", weil ich für das Abenteuer keine Zeit hatte. In diesen Momenten spürte ich sofort, wie irgendwo tief in mir eine Schwere einzog und mein inneres Kind sich mit traurigem Blick von mir abwandte, weil wir schon wieder nicht auf den Spielplatz spielen, gehen würden. In diesen Momenten half auch leider nicht das Versprechen:

„Das schreibe ich mir auf und schaue es mir ein anderes Mal an".

Denn Fakt ist: Wir werden uns diesen Ort nicht mehr anschauen. Wenn überhaupt nur in 0,1 % der Fälle! Es gibt einfach gewisse Zeitpunkte im Leben, die sind für nur diesen einen Moment geschaffen. Punkt. Vor allem in den Phasen des Abstiegs sollten wir also lernen, auf unsere Intuition zu hören. Denn hier ergibt sich das größte Entwicklungspotenzial. Ebenso wie der Muskel erst in der Regenerationsphase wächst und stärker wird, reift auch erst unser Geist, wenn es im Leben mal wieder nicht so läuft, wie wir uns das eigentlich wünschen. Wenn wir uns dieser Struktur des Lebens bewusstwerden, dann schaffen wir es vielleicht eines Tages, in der momentan absteigenden Phasen unseres Lebens das Kraftvolle zu entdecken.

Wir werden dazu in der Lage sein, aufzuhören uns in den Gedanken des Selbstmitleides zu baden, warum denn schon wieder gerade uns so ein Schicksal ereilt, warum denn nicht einfach mal alles rund laufen kann und womit wir denn das wieder verdient hätten. Bis wir letztendlich die Menschen in unserem Umfeld dafür schuldig machen, dass es so ist wie es ist. Ich habe nie behauptet, dass es leicht sein würde, sich aus diesem Gedankenkarussell zu befreien.

Ich behaupte lediglich, dass vor allem diese Situationen im Leben es wert sind, zusammenfassend unter folgendem Aspekt betrachtet zu werden:

"Was kann ich an mir verändern, dass sich auch meine äußere Situation verändert? Denn wie Innen, so Außen! Was kann ich Geniales aus dieser Situation machen?"

Nimm jede Talwanderungen liebevoll und voller Dankbarkeit an, lächle und rufe laut:

"Danke, dass du da bist! Danke, dass ich etwas lernen darf! Danke, dass ich erkennen darf, wo meine persönlichen Baustellen sind um an ihnen zu wachsen!"

Nachdem ich schließlich erneut einige Kilometer durch ein Landschaftsszenario aus der „Unendlichen Geschichte" wandern durfte und teilweise dachte, auch an diesem Ort hier hätte das „Nichts" gewütet, ging es für mich wieder in Richtung eines kleinen Waldabschnittes, wo ich auch prompt für meinen intensiven Abstieg belohnt wurde. Ich durfte genau zum richtigen Zeitpunkt einen weiteren Kraftort entdecken.

Versteckt in einem Waldstück lag der Ahrensklint. Der Ahrensklit ist eine riesengroße Felssammlung, die mit einer fast furchteinflößend mächtigen Energie vom Waldrand aus emporragt. Als ich ihn entdeckte, musste ich einige Male tief durchatmen, denn so wie ich es vor einigen Tagen schon in dem kleinen Wäldchen mit dem See gespürt habe, gab es auch hier eine ganz magische Energie, die mich sprach- und atemlos werden ließ.

Über eine eiserne Leiter konnte man einen der Felsen besteigen, auch wenn ich beim Anblick der maroden Leiter glaubte, dass diese Treppe lediglich ein einfaches Provisorium darstellen sollte. Ich legte also meine Hände auf die Felsen, um die Stufen einigermaßen gesichert hinaufzusteigen, und spürte ein leichtes Kribbeln in den Fingerspitzen jedes Mal, wenn meine Hand den Stein berührte. Die Momente auf diesem Felsen waren atemberaubend. Wieder meiner Intuition folgend setzte ich mich oben angekommen ab, legte ein weiteres Mal meine Hände auf den Stein und erzählte ihm meine Geschichte. Ja, ich erzählte ihm meine Geschichte.

Ich wollte einen Teil meiner Energie an diesen Ort abgeben und einen neuen Teil mit auf meinen Weg bekommen.

Nachdem dieser kraftvolle Monolog schließlich nach einer guten halben Stunde abgeschlossen war, löste ich meine Sitzposition langsam auf, streckte mich und atmete tief durch. Die Treppe vorsichtig nach unten kletternd konnte ich spüren, dass ich sobald ich unten angekommen war diesen Ort nicht verlassen wollen würde, und hätte ich die Möglichkeit gehabt, wäre dies mein Übernachtungsort für den Tag geworden. Doch ohne Zelt und ohne Broady verabschiedete ich mich schließlich von dem Gedanken, blickte ein letztes Mal auf den Ahrensklint zurück und wanderte weiter meines Weges Richtung Tagesziel Königshof.

In diesem Moment, wo ich meine Tagebuchaufzeichnungen der Reise lese, muss ich wirklich schmunzeln. Mir sind natürlich nicht nur tiefgründige und meine innere Welt bewegende Erlebnisse passiert. Auf den letzten Kilometern Richtung Königshütte durfte ich noch einmal durch einen wunderschönen Wald wandern, an dem es für mich auch die Möglichkeit gab, die Füße ins Wasser zu halten. Dieses kleine Ritual gönnte ich mir jeden Tag. Des Weiteren nutzte ich die Quellen, um meine Wasserflasche aufzufüllen.

Die Wasserflasche mit integriertem Aktivkohlefilter war für mich auf dieser Reise die wertvollste Anschaffung, an die ich mich erinnern kann. Abgesehen von meinen Barfuß Wanderschuhen hat diese Flasche einen absoluten Must Have Platz auf meiner Reiseliste erhalten.

An diesem Teil der Geschichte kam dann auch die kleine Biene ins Spiel die meinte, sie könnte mich ein paar hundert Meter weit verfolgen. Ich habe durchaus keine Angst vor diesen schönen Tieren, aber in der Regel möchte man nicht von Ihnen verfolgt werden. Mal laufend mal gehend versuchte ich, zunehmend genervt diesen kleinen Plagegeist abzuhängen, schaffte es auch kurzzeitig, bis nach gut 15 Minuten das nächste Bienenmäuschen (oder doch dieselbe) an meinem Rucksackzipfel klebte.

Ich grübelte und grübelte und zerbrach mir den Kopf darüber, was ich nur so Interessantes an mir haben könnte, dass ich diese Biene wie magisch anzog. Ich konnte mir kaum vorstellen, dass sie sich überlegt hatte, ab sofort mein neues Haustier zu sein. Nach gut 1000 Metern bienenreicher Verfolgungsjagd fiel es mir wie Schuppen von den Augen. Hatte sie es vielleicht wirklich auf das verführerisch duftende Marmeladenbrot abgesehen, welches ich mir in der Früh als Proviant geschmiert hatte?

Schon am Anfang der Verfolgungsjagd fand ich es, wie schon erwähnt ziemlich blödsinnig, dass ich vielleicht die süße Verführung sein konnte, der eine Biene hinterherjagte, und gab mich somit nach ein paar weiteren Schritten geschlagen, nahm meinen Rucksack von den Schultern, öffnete ihn und zog das Marmeladenbrot aus der Tasche, was anschließend schnell im hohen Bogen gemeinsam mit der Biene im Schlepptau Richtung Wegrand fliegen durfte. Rückblickend muss ich wirklich von Herzen lachen, wie wild und aufgescheucht ich versucht habe, dieser kleinen Biene zu entkommen, und sie es letztendlich doch geschafft hat, hartnäckig wie sie war, dass zu bekommen, wonach sie sich gesehnt hat. Nachdem ich meine Begleiterin also losgeworden bin und ihr mit dem Marmeladenbrot etwas Gutes getan hatte, konnte ich meinen Weg in Richtung Königshütte wesentlich entspannter fortsetzen.

EIN STEMPELHEFT ERKLÄRT MIR DIE WELT

"Schenke dein Herz ausschließlich einem Menschen, der seines bereits gefunden hat"

Ein weiteres, leider trauriges Erlebnis auf dem Weg nach Königshütte war der Verlust meines Stempelheftes. Ich habe es erst sehr spät gemerkt und konnte die Enttäuschung über mich selbst sehr schlecht vor mir selbst verbergen als ich mich daran zurückerinnerte, dass ich es lieblos in meiner hinteren Hosentasche verstaut hatte, bevor ich nach einigen Kilometern im Wald Pippi machen musste, genau in diesem Moment meine Achtsamkeit mal wieder über Bord geworfen habe und es dann anscheinend einfach verloren haben muss.

So fleißig hatte ich meine Stempel gesammelt. Nun war es vorbei mit der Stempeljagd und den Erinnerungen an die von mir entdeckten Orte.

Aber Kopf hoch Prinzessin. Denn sind wir einmal ganz ehrlich: Es ist wie mit den Fotos auf der Festplatte.

Natürlich schaut man sich immer mal wieder einen Teil davon an. Aber letztendlich tragen wir die wertvollsten Erinnerungen in unserem Herzen. Und aus genau diesem Grund sollten wir uns verdammt noch mal darum bemühen, unsere Abenteuer und Erlebnisse so wundervoll zu gestalten, dass man sie auf keinem Bild in ihrem vollen Wert festhalten kann. Mit einem Schmunzeln auf dem Gesicht erinnerte ich mich jedoch daran, dass ich mir aus dem Souvenirshop einen kleinen Anstecker mitgenommen hatte und somit trotz des Verlustes eine kleine Erinnerung an meine Wanderung mit nach Hause nehmen würde.

Aus dem Verlust meines Stempelheftes konnte ich außerdem eine weitere Lektion im Bezug auf meine Beziehung lernen:

Eine Wohnung, ist eine Wohnung, ist eine Wohnung.

Nach der Trennung war mir klar, dass ich die Wohnung behalten würde. Eine Großzahl meiner Bekannten haben mir jedoch empfohlen: zieh aus der Wohnung aus und suche dir etwas Eigenes. Etwas Neues. Damit du nicht immer wieder an alles erinnert wirst. Doch in mir wehrte sich natürlich etwas dagegen.

Zu Anfang war es die Hoffnung, dass er wieder zu mir zurückkommen würde. Dass wenn ich umziehen würde und er nicht wüsste, wo er mich finden kann, ich das nicht mit mir vereinbaren könnte. Als ich schließlich jedoch aus dem gröbsten Wahnsinn, im wahrsten Sinne des Wortes, raus war und wieder klar denken konnte, habe ich es einfach genossen aus diesem Ort eine Art persönliche Schutzhöhle für mich zu gestalten. Die Wohnung war nach einigen Monaten zu dem Ort geworden, an dem ich mich wohl fühlte, ja fast zu Hause fühlen konnte, den ich aufsuchen kann und weiß ich bin sicher. Natürlich hängen in den Wänden die Erinnerungen gemeinsamer Zeiten fest. Aber letztendlich ist es nur ein Objekt, das man versuchen kann zu akzeptieren, wie es ist oder weiterhin hinter jeder Ecke die Geister der Vergangenheit heraufzubeschwören.

An diesem Tag meiner Wanderung wurde mir eines ganz deutlich bewusst: Es ist scheiß egal, wo ich hinziehen würde, wie weit ich versuchen würde all das, was passiert ist hinter mir zu lassen. Ich werde es nicht los. Alles ist in meinem Kopf. Alle Erinnerungen, alle Abenteuer, der Schmerz, die Liebe, die Bilder. All das hängt in meinem Hirn fest und kommt dorthin mit wohin ich gehe. Selbst auf Neuseeland würde mich jeder Stein an die beiden erinnern. Also ist es nicht an mir meine äußeren Umstände zu verändern, was natürlich zu einem gewissen Teil dazu beitragen kann, dass allgemeine Wohlbefinden zu steigern, vielmehr es ist meine Aufgabe mein Inneres neu zu strukturieren.

Und um Gottes Willen, versteh mich nicht falsch. Das ist keine leichte Aufgabe! Noch heute, ein halbes Jahr später, gibt es Spaziergänge, auf denen ich in Tränen ausbreche, weil mich die Geister meiner Vergangenheit verfolgen und ich wirklich meine Ronja neben mir herlaufen sehe. In den Momenten halte ich mich oft selbst für geistig verwirrt und verstehe nicht, warum ich es nicht schon lange überwunden habe.

"Manchmal müssen gute Dinge vorübergehen, damit bessere folgen können"

Nachdem ich mir noch ein Stück Kuchen an einer kleinen Rangerhütte gegönnt hatte, begab ich mich mit frischer Motivation auf die letzten Kilometer meines Weges. In Wahrheit fühlte es sich jedoch so an, als dürfte ich die ganze Strecke noch einmal laufen.

Meine Kraft war mittlerweile vom ganzen Denken und Laufen und Denken und Laufen relativ erschöpft und ich habe mir in regelmäßigen Abständen mitten auf dem Gehweg sitzend eine Verschnaufpause gegönnt. Es war mir ziemlich egal, wie schräg mich die an mir vorbei schlendernden Wanderer angeschaut haben. Nun dauerte es glücklicherweise nicht mehr lange, bis ich in dem schönen kleinen Ort angekommen war, der mich in dieser Nacht beherbergen sollte und mich nur noch die letzten 100 Meter Fußmarsch von meiner Pension trennten. Doch wie sollte es auch anders kommen. Es ging wieder bergauf. Die Müdigkeit übermannte mich mehr und mehr. Um mir den Aufstieg ein wenig zu versüßen, durfte ich die letzten Meter an einem wunderschönen Feld- und Wiesenweg entlangwandern, der mich für einen kurzen Moment meine mittlerweile sehr warmen Füße vergessen ließ. Nach wenigen Metern entdeckte ich meine Pension, checkte ohne lange Umschweife ein und genoss an diesem Abend eine intensive und lange Wellnesseinheit unter der Dusche, nachdem ich mir zuvor ein kleines Nickerchen gegönnt hatte.

"Die Tiefe meiner Seele kommt zum Ausdruck, wenn die Worte verstummen"

Nachdem ich die heiße und wohltuende Dusche genossen hatte, machte ich eine unangenehme Entdeckung. Heute schien auch in Bezug auf ein weiteres körperliches Thema der Tag X zu sein.

Es hatte sich nämlich zum ersten Mal eine kleine Druckstelle an meinen Füßen bemerkbar gemacht. Nach diesem langen Tagesmarsch erschienen mir diese blauen Druckstellen fast unerträglich.

Um mein Abendessen zu mir zu nehmen, musste ich bis zum Restaurant ein paar hundert Meter Fußweg zurücklegen und in meinen einfachen Barfußschuhen, die ich als Ersatz mit dabei hatte spürte ich jede Stelle meiner Füße, die nicht glücklich über ihren aktuellen Zustand waren. Die Gelenke taten spürbar weh und ich merkte, dass ich heute mit der Tagesstrecke vielleicht doch den Bogen ein wenig überspannt hatte. Ich betrat das Gasthaus und nahm in einer ruhigen Ecke des Raumes Platz. Noch waren nicht viele Gäste zu sehen. Bestellt habe ich mir einen überbackenen Camembert und Fisch. Auch wenn der Appetit anscheinend mal wieder größer war als der Hunger genoss ich jeden Bissen. Den Teller noch halb gefüllt spürte ich schnell, dass ich eigentlich einfach nur noch meine Augen zufallen lassen und schlafen wollte und zögerte somit keinen Augenblick zu lang mein Dinner zu bezahlen und so vorsichtig wie möglich mit meinem geschundenen Gelenken den Weg zurück zur Herberge anzutreten.

Die Besitzerin hatte sich beim Einchecken liebevoll um mich bemüht und darauf hingewiesen, dass es die Möglichkeit gäbe einen Teil der Strecke mit dem Bus zurückzulegen falls es, im wahrsten Sinne des Wortes, gar nicht mehr gehen sollte. Nach dieser Information wedelte sie mit mit einem Gutscheinführer mit einer integrierten Busfahrkarte vor meinem Gesicht hin und her welchen ich dankend annahm, allerdings im hundertprozentigen Wissen, dass ich trotz meiner Schmerzen die gesamte Strecke zu Fuß gehen werde.

Als ich wieder zurück in meinem Zimmer angekommen war ordnete ich meine Sachen, legte die Socken über die Heizung und spürte, wie sich die Gedanken in meinem Kopf beruhigten. Komisch fühlte es sich an, wenn man plötzlich von einem Gefühl der Ruhe durchströmt wurde. Manchmal fühlte ich mich in solchen Momenten, so ganz ohne mein Chaos im Kopf, ein wenig allein.

Ist das vielleicht einer der Gründe, warum wir an so einem Brainfuck festhalten? Weil er uns über Jahre hinweg Sicherheit und Vertrautheit schenkt, die uns eine Konstante im Leben bietet? Ich fühlte mich tatsächlich ein wenig einsam ohne meine Gedankenaffen. Doch anstatt diesen Moment zu genießen, kam der Junkie in mir zum Vorschein.

Anstatt mich auszuruhen, die Augen zu schließen und meinem Körper den Schlaf zu schenken den er sich nach der langen Tagesetappe verdient hatte, griff ich zu meinem Handy und schrieb eine ganze Handvoll Whats App Nachrichten an Freunde und Bekannte. Ob es damals, in der Zeit ohne Smartphone noch leichter gewesen war sich zu entspannen? Ohne die Möglichkeit sich ständig und immer überall mit seinem toxischen Gedankenmist zu beschäftigen?

Dir schießt eine Frage in den Kopf und zack - Dr. Google hat eine Antwort. Dir schießt ein Gefühl in den Kopf und du meinst, du müsstest es umgehend mit einer „Freundin" via WhatsApp App teilen. Und dann sitzt du im schlimmsten Fall stundenlang über dem Handy, wartest auf eine Antwort und erhältst letztendlich gar nicht die Antwort auf die Frage, die Du dir gewünscht hattest, stresst dich anschließend mit weiteren Nachrichten, fühlst dich unverstanden und bist noch betrübter als vorher. Wie wäre es denn einfach mal mit einem Telefonanruf? Oder vielleicht mit der Option innezuhalten und das Gefühl mit dir selbst ausmachen?

Für meine nächste Pilgerreise steht auf jeden Fall eines fest: Wenn du deiner Seele etwas Gutes tun willst und wirklich wissen willst, wo du für dich in deinem Leben stehst, dann kaufe dir ein Telefon, über das du ausschließlich telefonisch zu erreichen bist. Die Menschen können dir immer noch SMS schreiben, wenn sie nicht telefonieren möchten. Nachdem ich also das lange Texten, Hoffen und Warten aufgegeben, das Smartphone aus der Hand gelegt hatte, fiel ich endlich in einen wohlverdienten tiefen Schlaf.

SAMSTAG, DER 10/08/19

Von Königshütte nach Altenbrack 19,2 km

06502 Altenbrack

Heute war es so weit. Der letzte lange Wandertag mit Übernachtung lag vor mir.

Morgen würden nur noch ein paar schöne Kilometer Richtung Ziel darauf warten von mir bewandert zu werden. Als mir dieser Gedanke nach dem Wachwerden bewusstwurde, überkam mich ein Gefühl von sanftem Wehmut. Ich lag mit noch geschlossenen Augen in meinem Bett und machte mir bewusst, dass ich schon bald wieder in meinen Alltag zurückkehren würde.

Doch schon zu diesem Zeitpunkt spürte ich deutlich, dass das Leben zukünftig etwas anderes mit mir im Sinn hat, als die Erinnerung an eine mir bekannte Vergangenheit, die ich gerade beim Blick in die Zukunft noch vor mir sah. Ansonsten war es ruhig in meinem Kopf. Erstaunlich nach den grauenvollen Szenarien die sich in dieser Nacht wieder einmal in meinen Träumen abgespielt hatten. Ich hege einen absoluten Fable dafür, mein Traumgeschehen nach dem Aufwachen zu interpretieren.

Ich führte sogar bis heute noch regelmäßig Traumtagebuch, um mich einerseits der Erinnerungen zu erleichtern und andererseits auf sie zurückgreifen zu können, wenn ich mal wieder das Gefühl hatte, dass etwas in meinem Leben passierte, von dem ich wusste, es schon einmal im Traum erlebt zu haben.

In letzter Zeit träumte ich jedoch von ganz besonders grauenvollen Bildern, die ich in keinem Buch der Traumdeutung finden konnte. Monster verfolgen mich, alles scheint dunkel und grau, sie haben erschreckende Werkzeuge mit dabei und zeigen mir, wie sie fremde Menschen häuten und aushöhlen und ich bin diesem Szenario vollkommen hilflos ausgeliefert.

Ich spüre, dass sie auch an mich ran wollen, aber ich kämpfe, ich will alle retten. Im nächsten Moment sitze ich dann wieder im Auto und fahre eine Straße entlang. Auf der Flucht, doch plötzlich versagen die Bremsen. Bei solchen Träumen komme jedoch auch ich an die Grenze meiner Fähigkeit sie zu deuten.

"Ich lernte langsam, das Geräusch meiner Schritte zu lieben,
wenn ich mich von Dingen entfernte, die nicht für mich
bestimmt sind"

Auch heute spüre ich wieder, wie sehr es mir hilft, die Routine des „einfach Loslaufens" genießen zu dürfen. Nachdem ich auch an diesem Morgen zu Fuß zur Gaststätte geschlendert war und mein Frühstück genossen hatte, spürte ich auf dem Rückweg zur Pension, wie ich mir und meinen Gedanken heute scheinbar selbst nicht über den Weg trauen konnte, erkannte jedoch glücklicherweise schon beim Schnüren der Schuhe und dem Schließen meines Rucksacks, dass sich eine Erleichterung einstellt und das Misstrauen in mich selbst wohl nur ein Überbleibsel der gestrigen Gefühlslage gewesen war. Ich kann nur noch einmal mehr erwähnen, wie sehr ich mit den Tagen gelernt habe, diese Momente zu genießen. Es ist einfach eine ganz besondere Form der Meditation.

Den Tag mit etwas zu beginnen, dass dich erfüllt und befreit. Selbst wenn wir hierbei über etwas so Simples sprechen wie Schuhe anziehen, Rucksack aufsetzen und loslaufen. Schon während ich die Pension verließ, konnte ich spüren, dass es meinen Knochen und Gelenken leider nicht besser ging als am Tag zuvor und ich ärgerte mich wieder einmal darüber, dass ich nicht wenigstens ein bisschen Magnesium eingesteckt hatte und es auch weit und breit auf der gesamten Reise keinen Supermarkt oder eine Apotheke gab, die mir hätte aushelfen können. Mit dem Rucksack auf den Schultern und einem noch jungfräulichen Mindset begrüßte mich der Hexenstieg auch an diesem Tag mit einer ganz wundervollen Energie.

Die ersten Meter führten mich durch eine entspannte Tallandschaft. Ich war immer wieder erstaunt, wie sehr es mich beruhigte, wenn ich von Wasser umgeben war, auch wenn es sich hier nur um schmale Flüsse handelte, die sich fast lautlos durchs Tal schlängelten. Ihre bloße Anwesenheit beruhigt und entschleunigt und verdeutlicht noch einmal, dass wir uns dem Fluss des Lebens einfach hingeben dürfen.

Auf den folgenden Kilometern wurde mir eine ganz besondere Begegnung zuteil. Und zwar begrüßte mich nach wenigen Kilometern ein schwarzes Eichhörnchen. So etwas hatte ich zuvor noch nie gesehen und aus diesem Grund blieb ich fasziniert stehen und beobachtete eine Weile, wie es mich beobachtete. Das erste Herzflattern löste sich in mir und ich genoss den Moment, in dem ich dieses wunderschöne kleine Geschöpf voller Ruhe beobachten durfte, bis es auf sanften Pfoten seinen Weg den Baum hinauf fortsetze.

"Gerne hätte ich dich mitgenommen", dachte ich mir mit einem Schmunzeln auf dem Gesicht.

Und somit kommen wir an diesem Punkt der Geschichte wieder zu einem unfassbar wichtigen Thema:

"Nimm dir Zeit für die Dinge die dein Herz zum Strahlen bringen"

Lustig, dass ich dieses tiefgründige Zitat an dem Beispiel eines kleinen Eichhörnchens ausmache. Aber weißt du, wenn es dich glücklich macht, 5 Minuten lang einen Stein anzuschauen, dann tu es und lass dir von keinem Menschen auf dieser Welt einreden, dass es doch absoluter Schwachsinn wäre, sich daran zu erfreuen.

Wenn dein Herz strahlt wie ein Honigkuchenpferd, dann ist es genau das Richtige für dich. Ich hatte diesen Moment mit meinem Eichhörnchen. Nachdem ich dieses philosophische Ereignis mit meinem Eichhörnchen in die Erinnerungskiste meines Herzens verstaut hatte, ging es für mich einige Kilometer weiter durchs Tal, bis ich den nächsten wundervollen Moment an diesem Tag genießen durfte: Den Ausblick auf die Talsperre.

Hatte ich bis zu diesem Zeitpunkt geglaubt, dass mich die kleinen Flüsse faszinieren, war ab jetzt absolut sprachlos bei dem Anblick dieser aufgestauten und energetisch pulsierenden Wassermasse. Es war faszinierend zu sehen, wie majestätisch Wasser wirken kann, wenn es in seiner vollen Masse an einem Ort festgehalten wird. Fast eine halbe Stunde stand ich dort und habe mir dieses wunderschöne Bild förmlich in die Augen eingebrannt.

Den größten Teil der Strecke ging ich wie gewohnt alleine, nur wenige Wanderer kreuzten meinen Weg. Ein etwas älteres Pärchen, dass sich hauptsächlich mit dem Lesen der Touristeninformationsschilder beschäftigt hatte, habe ich zeitig überholt und auch auf dem weiteren Verlauf meiner Strecke nicht mehr wieder getroffen. Nachdem ich mich schließlich von dem Tal, dem Wasser und der Talsperre verabschiedet hatte, wurde das Gebirge merklich rauer und mich umgaben hohe Klippen und Felsen, die mir zu Beginn immer wieder das Gefühl gaben, dass sie auf mich hinabstürzen würden, wenn ich ihnen zu nahe kam. Heute war außerdem der Tag der "Lost Places".

Im Anschluss an meine Pause mit Currywurst und Pommes an einem fast verlassenen Bahnhof, begegneten mir in diesem kleinen Ort einige Gebäude, die mich unweigerlich wieder zurück in die Vergangenheit katapultierten. Das Entdecken verlassener Häuser ist eine meiner geheimen Vorlieben. Ben und ich haben leidenschaftlich gerne Orte entdeckt, vor denen ausdrücklich gewarnt wurde, sie zu betreten. Ich vermute dann, wenn ich diese Wanderung mit ihm angetreten hätte, hätten wir unser Ziel an diesem Tag niemals erreicht.

Und auch mir kribbelte es ungemein in den Fingern, mit die verlassenen Häuser ein wenig näher anzuschauen. Um diesen Umstand jedoch zu vermeiden, habe ich mich damit begnügt Bilder von den Gebäuden zu schießen und jedes Mal einen liebevollen Abenteurergedanken an ihn zu senden in der Hoffnung, dass unser energetisches Band noch bestand und er meine Vorfreude auf eine Entdeckungstour spüren konnte. Nachdem mein Bauch es fast ein wenig bereute, wieder so ein gesundes Mittagsessen zu Gemüte geführt bekommen zu haben und ich meinen Weg fortsetzte, ging es für mich zurück in den Wald.

Und auch jetzt möchte ich es noch einmal erwähnen: Ich liebe den Wald. Ich nahm einige tiefe und lange Atemzüge und spürte förmlich, wie mich die Energie des frischen Sauerstoffs durchströmte. Es dauerte nicht lange, bis ich eine geeignete Stelle fand, um meine Füße in einem wunderschönen klaren Fluss abzukühlen. Das Geräusch des fließenden Wassers und das kühle, leicht kitzelnde Gefühl der Strömung um meine Füße herum war einfach traumhaft.

Nach einigen Momenten der Stille ließ ich meinen Blick von rechts nach links schweifen und spürte solch einen inneren Frieden, dass ich mich wirklich kaum noch daran erinnern kann, ob mir hier in diesem Moment der Affenzirkus in meinem Kopf Probleme bereitet hat. Nach einer guten halben Stunde Regeneration entschied ich mich dazu, meinen Weg fortzusetzen. Ganz egal, wo mich mein Weg an diesem Tag hinführte.

Die Landschaft im Wald blieb unverändert wunderschön. Linksseitig vom Bach ging ich am Ufer entlang, unter mir die Böschung, die leider einen großen Teil meiner Sicht auf den Fluss verdeckte. Wie schon zu Beginn erwähnt, schien der heutige Tag unter dem Stern der Lost Places zu stehen und somit verwunderte es mich nicht, dass ich auch auf den nächsten Metern etwas entdecken durfte, was meine Aufmerksamkeit auf sich zog. Auf der gegenüberliegenden Bachseite entdeckte ich etwas, dass mein Blick erneut direkt schärfer werden ließ. Einen großen Gebäudekomplex, bestehend aus mindestens 6 Gebäuden. Leerstehend. Mir lief quasi das Wasser im Mund zusammen. Doch sehr ärgerlich, dass ich nicht näher rankam. Denn zwischen mir und diesem mysteriösen Platz lag eine Schlucht und Wasser. Somit zog ich Dr. Google Maps zu Rate und fand heraus, dass es sich hierbei um etwas handle, dass sich „Piratenstadt" nannte.

Direkt daneben liegt das Bodetaler Basecamp, ich nahm mir ganz fest vor, dass ich eines Tages hier einmal die andere Seite des Flusses besuchen würde, um diesen Ort zu entdecken.

"Wir bekommen manchmal nicht das, was wir wollen,

weil das Universum einen besseren Plan für uns hat"

Nachdem ich mich von diesem spannenden Ort gelöst hatte, wurde der Weg steiniger und wilder. Endlich ging es wieder bergauf und bergab und ich wurde von Mutter Natur liebevoll dazu gezwungen, mich etwas mehr darauf zu konzentrieren, wo ich meine Füße hinsetzte und wo lieber nicht.

Die Aufstiege waren herausfordernd aber durchaus auch für Wandereinsteiger zu bewältigen, selbst wenn die Temperaturen mich dazu einluden meine Jacke auszuziehen. Außerdem war ich unbeschreiblich dankbar dafür, dass ich meine Wasserflasche mit integriertem Aktivkohlefilter an jedem Bach auffüllen konnte. Und wo wir grade noch einmal beim Thema Wasserflasche sind: Ich habe zu wenig getrunken. Ich würde behaupten, dass ich auf jeder Wanderstrecke gerade mal einen Liter Wasser zu mir genommen hatte, und das war für meinen Körper in jedem Fall einfach zu wenig.

Es ist erstaunlich, dass er mich so zuverlässig Kilometer für Kilometer weitergetragen hat. Man sagt ja immer, der Schuster hat die schlechtesten Schuhe und in diesem Fall habe ich der Redewendung alle Ehre gemacht. Ich glaube mein Körper hätte mehr Energie für die Strapazen der Auf- und Abstiege übriggehabt, wenn ich einfach mehr Wasser zu mir genommen hätte.

Die Landschaft veränderte sich auf den nächsten Kilometern nicht mehr erwähnenswert, ich wanderte von einem Tal ins nächste, vorbei an einer Schlucht, an der es das Angebot gab, die Wand der Talsperre hinunter zu klettern, und schließlich wieder zurück in die Wälder hinein.

Es gibt an diesem Tag keine nennenswerten geistigen Kämpfe, an die ich mich erinnern kann, sie ausgefochten zu haben. Nur kurzzeitig als ich an einem Bullifriedhof vorbeiging, kam der Wunsch die Vergangenheit wieder aufleben zu lassen in mir hoch. Ich wusste, dass ich schon auf den letzten Metern meines Tagesmarsches angekommen war und entdeckte auf der rechten Seite des Weges eine schöne Bank, die von einem alten Ehepaar zum 60. Geburtstag gespendet wurde. Sie enthielt die Aufschrift:

„Heimat ist, wo Erinnerungen leben".

Ist das nicht ein wunderbarer Spruch? Also habe ich mir mit meiner Wanderung auf dem Hexenstieg ein Stück Heimat an einem Ort dieser Welt geschaffen. Ich mochte diesen Spruch. Er verkörpert eine Art Lebensversicherung der besonderen Art. Ich weiß, dass man das Leben auf nichts versichern kann, aber ich glaube, dass es durchaus möglich ist, überall auf dieser Welt ein kleines Stück Heimat zu erschaffen.

Deswegen ist es in meinen Augen so immens wichtig, die Welt zu entdecken. Auch, wenn es nur Deutschland sein sollte. Wenn du viele Orte hast, an denen du dich wohlfühlen kannst, an die du mit einem Lächeln im Herzen zurückdenkst und die Vorfreude spürst, wenn es darum geht sie ein weiteres Mal zu besuchen und vielleicht auch Menschen und Gleichgesinnte dort hast die sich freuen dich erneut begrüßen zu dürfen, dann wirst du dich im Leben immer wohl behütet und gut aufgehoben fühlen. Dann wirst du ein Urvertrauen ins Leben entwickeln, das dich trägt.

Ich glaube kaum, dass man dieses Urvertrauen in die Welt entwickeln kann, wenn man sein ganzes Leben lang nur an einem Ort in einer Umgebung mit immer denselben Menschen zusammen verbringt. Von dieser Basis aus wird man immer mit dem Gedanken in neue Lebensabschnitte starten: „Das ist mir aber zu unsicher, weil ich nicht weiß, was auf mich zukommen wird."

"Ist aber nicht Wandel die einzige Konstante in unserem Leben?"

Das Einzige, worauf wir uns im Leben verlassen können, ist, dass sich jederzeit immer alles verändern kann. Und dass es ein gutes Zeichen ist, wenn die Dinge sich in unserem Umfeld dauerhaft bewegen. Denn wenn ein Organismus zum Stillstand kommt, wird er sterben. Warum also scheuen wir uns so sehr vor Veränderung und Wandel? Warum haben wir mehr Angst vor der Bewegung im Leben als vor dem Sterben unseres Glücks?

Wenn das Blut in unserem Organismus ins Stocken gerät, entstehen ein Haufen schlimmer physischer Krankheiten. In diesem Moment suchen wir häufig den Arzt auf und lassen uns ein Medikament verschreiben, das dafür sorgt, dass unser Blut wieder in Bewegung kommt.

Wenn wir das auf unser Leben übertragen, machen wir das nicht. Wir verharren in festgefahrenen Situationen, in denen es keinen Fluss mehr gibt und wundern uns anschließend, warum wir entweder krank werden oder sich nichts mehr so entwickelt, wie wir es uns wünschen. Und ja ich weiß, es kostet Mut "NEIN" zu sagen.

Klar. Ich hab nicht gesagt, dass es leicht ist.

Aber wäge bitte einmal die Situation, in der du dich derzeit befindest mit der ab, in der du landen wirst, wenn du "JA" zu deinem Leben und deinem Glück und dem Risiko sagst.

Was sich alles für Türen öffnen werden! Verdammte Axt. Da sind so viele Türen die Möglichkeiten parat halten dein Leben grundlegend zu verändern und wir sagen immer wieder „Nein". Wir behindern damit im ersten Schritt nicht nur unseren geistigen Fluss, sondern suggerieren unserem Körper immer und immer wieder „Nein, ich möchte so nicht leben".

Und was passiert wie wir mittlerweile wissen, wenn wir uns nur lange genug etwas einreden? Es wird zu unserer Realität! Wenn wir unserem Körper also sagen, ob bewusst oder unterbewusst:

"Ich will so nicht mehr leben", wird dein lieber Körper alles dafür tun, dass du so nicht mehr leben kannst. Basta. Und wenn es dann an diesem Punkt des Lebens knallt, stehen wir da und fragen uns: Was soll ich machen? 90% der Menschen auf der Welt stehen an diesem Punkt ihres Lebens wie von Blitz getroffen da und wissen nicht, womit sie das, was in ihrem Leben geschieht verdient haben. Wie es nur so weit kommen konnte.

Warum denn der Körper auf einmal nicht mehr funktioniert, sie müssen doch weiterarbeiten und funktionieren. Wir dürfen in diesem Fall nicht darauf hoffen, dass irgendein Arbeitgeber der Welt Verständnis für das, was das Leben in diesem Moment von uns fordert, aufbringen wird.

"Ein Nein zu anderen ist ein Ja zu dir selbst"

Das ist die erste Sache, die ich dir an diesem Punkt mit auf den Weg geben möchte. Es ist in diesem Moment einfach nicht mehr an der Zeit sich nach irgendeinem Menschen zu richten, der nicht in deinem Körper steckt. Es wäre viel eher an der Zeit vielleicht den Job zu schmeißen. Wenn das Leben so ins Stocken gerät, das der Körper nicht mehr weiterleben will und krank wird, sollte man ganz schnell ganz mutig sein.

Nach diesen sehr tiefgründigen letzten Kilometern, in denen mir nicht nur meine aktuelle Beziehungskiste durch den Kopf schwirren musste, sondern auch noch mein aktuelles Arbeitsverhältnis und die damit einhergehenden Jobs der letzten Jahre, kam ich meinem Ziel immer näher. An dem Bullifriedhof vorbei konnte ich schon auf das kleine Örtchen hinunterschauen, dass den Ort meiner letzten Übernachtung markieren sollte.

Meine Herberge lag noch ein ganzes Stück weiter hinter dem Dorf und leider wurde es mir nicht vergönnt, diese letzten Kilometer ohne Anstieg hinter mich zu bringen. So schön wie der Tag auch war, zogen Müdigkeit und Erschöpfung ein und irgendwie auch das Gefühl, noch nicht wirklich mit mir im Reinen zu sein.

Belohnt wurde ich nach dem Aufstieg noch mit einem Kilometer Restweg inklusive Almflair. Weite Wiesen, grasende Ziegen und Sonne begrüßte mich auf den letzten Metern meiner heutigen Tagestrecke.

In diesem Moment erinnerte ich mich an einen Reiseort, den wir letztes Jahr auf unserer Tour entdecken durften. Bei diesem Ort handelt es sich um die Halbinsel Tiessow. Sie war mein persönliches kleines Neuseeland und auch wenn du dich jetzt fragst, wie ich denn eine Alm mit Neuseeland vergleichen könnte... Es hatte einfach ein gemeinsames Gefühl.

Die Weite der Landschaft, das Grün und das Freiheitsgefühl, die frische Luft und die Tiere auf der Wiese zwischen den Wäldern, die es zu entdecken gab.

Ich genoss den letzten Kilometer und genoss es umso mehr, schließlich in meiner Herberge angekommen zu sein. Begrüßt wurde ich von einer etwas griesgrämigen älteren Dame, die mir kurz angebunden den Schlüssel in die Hand drückte und mir den Weg zu meinem Zimmer wies. Da ich mich dieses Mal für die günstigere Variante der Unterkunft entschieden hatte, durfte ich somit mein WC und meine Dusche einige Türen von meinem Zimmer entfernt in Anspruch nehmen.

Nachdem ich meine Sachen verstaut und mir den Wanderschweiß von der Haut gewaschen hatte, nahm ich ein gutbürgerliches Abendessen in der Gaststätte gegenüber zu mir. Während ich auf mein Essen wartete, genoss ich noch die letzten Sonnenstrahlen, trotz des allmählich aufziehenden Windes, an einem Tisch draußen.

Heute war die letzte Nacht und morgen der letzte Wandertag. Mit diesen Gedanken ging ich nach dem Abendessen zurück auf mein Zimmer und erlebte eine sehr entspannte Nacht, die mich trotz des wohligen Gefühls leicht entnervt in den nächsten Tag starten ließ.

SONNTAG, DER 11/08/19

Von Altenbrak nach Thale 13 km

"Pass auf! Der Sturm wird immer stärker!

Das macht nichts. Ich auch"

Rückblickend verstehe ich nicht, warum ich an diesem Tag so grantig gewesen bin.

Vielleicht war es das stille Wissen in mir, dass ich an diesem Abend in ein Leben zurückkreisen sollte, dass nicht mehr für mich bestimmt war. Die arme Herbergsmutter hat den ganzen Schwall vorpubertärer Genervtheit beim Frühstück abbekommen und ich vermute, dass ich auf die restlichen Wanderer im Raum nicht unbedingt den gemütlichsten Eindruck gemacht hatte. Ich kann mich nur noch daran erinnern, dass ich einfach loswollte. Ich war quasi auf der Flucht. Ich wollte mir keine Zeit nehmen, gemütlich zu frühstücken und dabei ein Gespräch zu führen. Einfach loslaufen. Und das tat ich schließlich auch.

Mich erwartete an diesem Tag das wunderschöne Bodetal. Es war einfach nur ein unbeschreiblich traumhaftes Erlebnis. Jeder Meter, den ich laufen durfte, hat mich verzaubert. Es erschien mir wie in einem Märchen, ob ich nun die kleinen Waldwege entlang spaziert bin oder steile Aufstiege erklimmen durfte.

Leider hat man hier am Ende des Hexenstieges gespürt, dass man sich einem beliebten Touristenort näherte und man nicht mehr lange alleine sein würde. Alle paar Hundert Meter begegneten mir hochmotivierte Tageswanderer, die es sich nicht nehmen ließen, mich alle paar Minuten zu grüßen.

Das war nach mehreren Tagen des Alleinseins sehr ungewohnt für mich und auch nicht wirklich entspannend muss ich gestehen. Es war so ein wunderschönes landschaftliches Szenario, dass es mich durchaus gestört hat, alle 3 Minuten einer handvoll Menschen Hallo zu sagen. Ich überquerte die Teufelsbrücke, eine Schlucht, die sich als absoluter Touristenmagnet herausstellte und gönnte mir an einem unfassbar idyllischen Ort noch die obligatorische Bratwurst mit Pommes (im

Nachhinein wundere ich mich kaum noch, dass ich ein halbes Jahr später schwere Darmprobleme in mein Leben ziehen sollte) und zog anschließend die letzten Kilometer weiter.

Es war erschreckend, dass es gar nicht mehr so lange dauerte, bis ich quasi kurz vor dem Ziel meiner Reise stand. Ich wurde wehleidig und mir fiel es schwer, den mir entgegenkommenden Touristen gegenüber eine glückliche Miene aufzusetzen. Ich wandte mich bei der nächstbesten Gelegenheit der Bode zu die mich an diesem Tag wie eine beste Freundin auf dem gesamten Weg begleitet hatte, und suchte nach einer Stelle, an der ich noch einmal ganz für mich mit der Natur allein sein konnte und auch noch einmal die Möglichkeit hatte, meine Füße in dieses magische Wasser zu tauchen.

Ich weinte. Ich lachte. Und weinte weiter. Und begann wieder zu lachen.

Ein Memo, das ich an mich selbst auf diesen letzten Metern aufgenommen hatte möchte ich gerne noch mit dir teilen, denn hier geht es um ein Thema, dass mir anscheinend sehr auf dem Herzen lag, da es mich auch heute noch immer und immer wieder begleitet.

"Nichts geschieht dir. Alles geschieht für dich."

„Wenn ich eins auf dieser Wanderung gelernt habe, ist es, wie kaputt uns unser System doch macht. Und das von Kindestagen an. Und ich wusste das schon vorher, aber so bewusst wie mir das jetzt geworden ist, war es mir noch nie. Weil ich vielleicht jetzt gerade in einer Situation bin in der ich sage: „Okay".

Das, was mir das System von Kindestagen an beigebracht hat, hat dafür gesorgt, dass ich ein Mensch bin, der nicht weiß, was Liebe ist. Also mittlerweile versuche ich das zu verstehen, zu erlernen und auch zu verkörpern, aber so grundsätzlich weiß doch 90 % der Menschheit nicht mehr, was Liebe wirklich ist.

Und Liebe ist einfach verdammt noch mal das zentrale Thema im Leben. Und ich habe das schon mal geschrieben oder gesagt: Liebe tut nicht weh. Liebe ist nicht traurig. Liebe ist kein Schmerz, Liebe ist keine Freude, Liebe IST einfach. Ein Daseinszustand. Wir sind alle voller Liebe. Und sobald Liebe angeblich wehtut, ist es nicht mehr die Liebe, sondern es ist das Ego. Wir wurden dazu erzogen zu sagen:

"Ja, aber wenn das und das passiert musst du doch so und so reagieren. Dann musst du doch traurig sein, wütend sein, dann musst du dich rächen, dann musst du die Sachen durch die Gegend schmeißen, dann musst du dich anpassen an das, was der Andere von dir will."

Was für ein Bullshit.

Wenn wir das Prinzip von Leben und Liebe wirklich verstanden haben, dann wissen wir, dass alles so kommt wie es kommen soll und ich glaube, der einzige Zweck warum die Dinge so kommen, wie sie kommen ist, dass wir wieder zur Liebe zurückfinden.

Denn dieser absurde Glaube an Trennung tut unserer Welt absolut nicht gut. Nur weil wir ständig in diesem konditionierten Gefühl der Trennung leben und wir vom "All - eins" sein in ein „Alleinsein" rutschen passiert all dieses Grauenvolle auf der Welt.

Der gesamte Materialismus, der uns zerstört, die Wirtschaft die uns suggeriert wir bräuchten gewisse Güter um uns geliebt und ganz zu fühlen, die Pharmaindustrie die uns suggeriert, dass wir nur eine Pille einwerfen müssten um wieder gesund zu werden. Das alles entsteht nicht aus Liebe. Das alles entsteht aus Macht und Gier und Hass. Kriege entstehen nicht aus Liebe. Sondern einfach nur, weil die Menschen von sich selbst getrennt sind.

Das Thema Dankbarkeit ist auch noch eine ganz große Sache, die mit Liebe einhergeht. Aber jetzt geht es mir vor allem um Folgendes: "Schön und gut, dass ich das jetzt erkannt habe, aber wie zum Geier setze, ich das jetzt im realen Leben um? Das ist etwas, was mich herausfordert."

Nachdem ich diese Flut an Gedanken und Emotionen auf meinem Smartphone festgehalten habe, packte ich mein Handy zurück in den Rucksack und zog die Socken ein letztes Mal liebevoll über meine noch feuchten Füße.

Langsam schob ich sie im Anschluss daran in meine Schuhe und schnürte diese ein letztes Mal zu. In dem Moment, wo ich das Flussbett neben mir her fließen sah, wurde mir bewusst: "Das ist Liebe."

Wir können von den Elementen so ungemein viel lernen. Vor allem von dem Wasser. Meter für Meter, Schritt für Schritt weiter Richtung Ziel wurde mir die Tatsache bewusst, dass ich mir jetzt schon wieder Gedanken darüber machte, was mich erwarten würde, wenn ich an diesem Abend nach Hause kommen würde und ob es jemals wieder so sein würde wie zuvor.

"Manchmal kann man Menschen einfach nicht vergessen, egal wie sehr man von ihnen verletzt wurde.

Denn genau diese Menschen haben einem etwas gelehrt, was kein anderer einem beibringen konnte"

Was ich auf den letzten Metern mitgenommen habe?

Das ich das Wandern wirklich liebe.

Körper und Geist kommen im gleichen Tempo ans Ziel.

Wenn ich auf der Autobahn über tiefgründige Dinge nachdenken will, spüre ich, dass mich das Raum Zeit Tempo aus dem Gleichgewicht bringt.

Nach fünf Stunden Autofahrt zu meinen Eltern fühle ich mich, als würde ein Teil meiner Seele noch hinterherlaufen. Dieses besondere Gefühl beim Wandern, dass alles in seinem Einklang ist, ist einfach wunderbar.

Auch wenn ich es in den letzten Tagen des Öfteren verflucht habe, dass ich mich verlaufen oder viel länger als geplant gebraucht habe, um an mein Ziel zu kommen, spüre ich jetzt, dass es genau das langsame Tempo war, dass es vor allem meiner Seele ermöglichte an sein Ziel zu kommen.

„Am Ende bleibt sowieso nichts anderes übrig als Liebe.

Denn wenn Liebe alles und somit unser natürlicher Seinszustand ist, dann sind Gefühle wie Zorn, Wut aber auch das Überschäumen und die Bewertung der Dinge nur Täuschungen des Egos.

Sie vergehen, wenn wir sie fühlen.

Nur die Liebe bleibt, wenn wir sie fühlen - und am Ende ist es die Liebe, die niemals vergeht und mit dir am Ende des Tages auf der Couch sitzt und du zu ihr sagen kannst:

„Danke das du da bist." Und die Liebe wird dir antworten:

„Danke, dass du mir dein Vertrauen schenkst".

Auch wenn ich nur 100 Kilometer gewandert bin, spüre ich, dass ich einen Teil meines alten Ichs auf dem Weg zurückgelassen habe. Zugleich spüre ich auch, dass diese Wanderung nur den Beginn einer langen Reise markiert hat.

Diese Erkenntnis machte mir in gewissen Zügen Angst. Ich hatte in dieser kurzen Zeit nicht das Erreichen können, was ich mir zu Beginn der Reise erhofft hatte. Der Anspruch an mich war zu hoch gewesen und mein Perfektionismus noch zu tief in mir verankert.

"Lass niemanden durch deinen Kopf spazieren, der dreckige Schuhe hat"

Ich habe mich mit dem Thema Liebe und mit dem Sinn des Lebens auseinandergesetzt sowie mit den Säulen, auf denen unser Leben aufgebaut sein sollte.

Aber letztendlich habe ich nur die ersten Kratzer an eine einzigartige Statue gesetzt, die es gilt weiter zu schleifen, zu bauen und zu kreieren.

Ich wollte noch nicht wieder zurück. Ich spürte ganz genau, dass ich nur die oberste Schicht meiner Wunden geheilt hatte.

Und so weinte ich auf den letzten Metern in Richtung Bahnhof aus tiefstem Herzen. Ich weinte um mich, meinen Papa, um Ben und Ronja, um meine Mama und wieder um mich und um das Leben, das ich gerade führte und darum, dass ich doch irgendwie, trotz der ganzen tollen Ratgeber, die ich so lese, noch so viele seelische Baustellen zu lösen hatte, dass ich in diesem Moment gar nicht weiß wo ich anfangen sollte. Leider habe ich mir nicht genug Zeit genommen.

Weder in den paar Tagen noch in diesem Moment. Ich bin zu schnell wieder los, zu schnell wieder aufgestanden und zurückgegangen an einen Ort, den ich nicht mehr als Ziel haben wollte.

Wo ich doch innerlich geglaubt hatte, ich könnte auf dieser Reise so viele Blockaden lösen habe ich tatsächlich erst angefangen die kleinen Steine aus dem Weg zu räumen, die sich mit Efeu verwachsen vor meinem Innern manifestiert haben. Ich habe in diesen 6 Tagen lediglich damit begonnen, die Ranken um den Ort frei zu räumen, den ich liebevoll meinen "Spielplatz" nenne. Einen Ort, an dem ich mich geliebt und sicher fühle, gerne Zeit verbringe und träumen darf. An dem ich mich wieder voll und ganz den Dingen hingeben kann, von denen 99 % der Menschen ähnliches sagen wie:

"So etwas macht man doch nicht, beschäftige dich mit wichtigen Dingen, die dich weiterbringen".

Das Ärgerliche an solch einem Aufräumprozess ist:

Er lässt dich nicht mehr los.

Du denkst, du hättest einen Teil bereinigt und plötzlich öffnen sich im Hinterstübchen weitere Türen, die beachtet werden wollen und hinter diesen Türen wirst du Kisten finden, die aussortiert werden müssen. Oft sind das die Wege, die man definitiv nicht gehen will. Die schon aus gutem Grund ganz weit hinten im Gang sind.

Das sind schließlich die Türen, die wenn du sie öffnest, dein Leben grundlegend verändern werden. Aber sie erfordern Entscheidungen von dir, Entscheidungen für dich und ein klares JA für dein Leben.

"Was hast du denn in deinem Leben schon Großes auf die Beine gestellt?

Mich. Immer wieder!"

Damals wusste ich nicht, dass ich solche Türen habe. Das habe ich erst ein halbes Jahr später erfahren. Aber ich weiß mittlerweile genau, dass der Antritt dieser kleinen Reise, die Änderung meines Denkens und somit meiner mentalen Einstellung zum Leben, eine riesige Lawine ins Rollen gebracht hat, dessen Ausmaß ich selbst jetzt in diesem Moment, in dem ich es schreibe, nicht einschätzen kann. Wir können also eines für die Ewigkeit festhalten:

„Änderst du deine Gedanken, ändert sich alles."

Du kannst nichts dagegen tun. Alles in dir, an deinem Körper und in deinem Leben wird sich darauf ausrichten, dass du deiner wahren Bestimmung folgst. Und zwar mit allen Mitteln, die das Leben zu geben hat. Sei es dauerhafte negative Auseinandersetzungen mit deinem Chef, Freundschaften, die auseinanderbrechen, die Kündigung deiner Wohnung oder eine schwere Krankheit, die dich plötzlich „heimsucht", um dich wieder in die Heimat zu führen, die du schon so lange suchst.

Alles in deinem Leben wird Dir vermitteln: JETZT ist es an der Zeit den Weg zu gehen, für den dein Herz sich gemeinsam mit deiner Seele schon längst entschieden hat. Alle äußeren Umstände sind nicht mehr relevant.

Vertraue darauf.

DIE 4 SÄULEN

Säule 1

Selbstwert

Seelenfrage:

- Wie wertvoll behandle ich mich täglich selbst?

Negative Glaubenssätze:

- Ich bin es nicht wert, geliebt zu werden

- Ich muss mich für meine Mitmenschen aufopfern

- Es ist okay, meine Grenzen nicht zu respektieren

Positive Glaubenssätze:

- Ich darf Nein sagen

- Ich bin wertvoll und liebenswürdig

- Ich bin es wert, meine Bedürfnisse an erste Stelle zu setzen

Aufgabe an dich:

1. Notiere dein Normen und Wertesystem auf einem Blatt Papier. Welche Werte sollen dein Leben leiten und welche Normen kannst du ruhigen Gewissens konsequent aus deinem Leben verabschieden?

2. Setze im zweiten Schritt liebevolle Grenzen, indem du Nein sagst, wenn jemand deine Werte nicht respektiert und dich in eine für dich unangenehme Situation führen möchte, die nicht deiner Vision deines eigenen wertvollen Wesens entspricht

<u>Das Geschenk des Universums an dich:</u>

Im ersten Moment wird dein Umfeld abweisend reagieren und versuchen dich zu manipulieren. Bleibst du jedoch stark, werden sie dir über kurz oder lang den Respekt zollen, den deine Grenzen sowie deine von dir gelebten und neu definierten Werte verdient haben. Du wirst immer mehr Personen in dein Leben ziehen, die deine Werte teilen, die Welt aus deiner Perspektive sehen und dich mit Liebe und Freude dazu einladen, an einem gemeinsamen Leben teilzuhaben.

Säule 2

Das innere Kind

Seelenfrage:

- Wann reagiere ich auf eine Situation mit Wut, Aggression oder Trauer, obwohl ich mir Liebe, Zärtlichkeit und Freude wünsche?

- Wie oft erlaube ich es mir bewusst Kind zu sein und einfach mal 5e gerade sein zu lassen?

Negative Glaubenssätze:

- Ich muss erst meine Pflichten erfüllen, bevor ich Spaß haben darf

- Ich muss etwas erreichen, um liebenswürdig zu sein

- Nur wenn ich etwas mache, bin ich gut genug

- Ich muss mich anstrengen, um Erfolg zu haben. Glück, Anerkennung und Liebe muss ich mir hart erarbeiten

Achtung: Zwei markante Manipulationsstrategien in diesem Fall sind das "Ja, aber..." sowie "Das wurde schon immer so gemacht".

Wie häufig entdeckst du diese zwei Sätze in deinem Alltag?

Positive Glaubenssätze:

- Ich darf mich ausruhen und Spaß haben

- Ich bin vollkommen und voller Liebe

- Ich bin gut so, wie ich bin

- Ich darf loslassen und fühlen

- Entspannung und Genuss sind ein Geschenk.

Aufgabe an dich:

1. Notiere dir in welchen Momenten deine innere Stimme laut "Nein" schreit. In diesen Momenten aktivierst du deinen inneren Detektiv

und setzt dich bewusst mit der Frage auseinander: Was erhoffe ich mir davon, wenn ich jetzt gegen meine innere Stimme "Ja" sage? Nach welcher Emotion sehne ich mich? Suche ich nach Zuspruch? Nach Anerkennung oder Lob?

2. Im zweiten Schritt überlegst du dir, wie du dir selbst diese Gefühle in deinem Leben erzeugen kannst. Wenn du beispielsweise wieder zu der Tute Gummibärchen greifen möchtest, frage dich direkt: "Wie kann ich mir auf eine andere Art und Weise das Leben versüßen und mich anschließend erfüllt und geborgen fühlen?

Das Geschenk des Universums an dich:

In diesem Rahmen möchte ich noch einmal anmerken, dass es unfassbar schwer ist das Gefühl, dass durch die Akzeptanz, dass man auch ohne einem Ziel hinterherzujagen ein Leben voller Liebe, Fülle und Freude führen kann, in einen einzigen Glaubenssatz zu verpacken.

Wenn du erst einmal verstanden hast, dass du genauso wie du bist perfekt bist, dass du nichts leisten musst, um geliebt zu werden. Dass du nicht erst das neue Auto kaufen musst, um Anerkennung zu erhaschen. Dass du nicht genau so leben musst wie deine Mutter es sich von dir wünscht, damit du Liebe spüren kannst. Wenn du das erst einmal verstanden und anschließend in dein Herz integriert hast wirst du dich einerseits von einer enormen Last befreit fühlen und andererseits mit deiner neuen Leichtigkeit in den Tag starten können.

Du wirst dich nicht mehr fühlen wie ein Pferd auf der Rennbahn, dem man mit einer Peitsche hinterherrennt um anschließend im Ziel angekommen Streicheleinheiten zu verteilen, nur damit das ganze Spiel am nächsten Tag wieder von vorne los gehen kann.

Das Geschenk des Universums an dich, wenn du dein inneres Kind in deinen Alltag integrierst und anschließend erkennst, dass dein Wert und deine Freude unabhängig von den Menschen und Ereignissen um dich herum sind und jederzeit tief in dir drin für dich abrufbar sind ist das Gefühl eines tiefen Aufatmens der Seele.

Säule 3

Selbstvertrauen

Seelenfrage:

- Kann ich mir selbst vertrauen?

- Halte ich mich an die Versprechen, die ich mir selbst gegeben habe?

Negative Glaubenssätze:

- Ich habe kein Durchhaltevermögen

- Ich bin nicht gut genug

- Immer werde ich von anderen sitzen gelassen

- Ich bin nicht wichtig

Positive Glaubenssätze:

- Was ich mir vornehme, setze ich um

- Ich bin eine Kriegerin

- Meine Träume stehen an erster Stelle.

Aufgaben an dich:

1. Aktiviere deinen inneren Detektiv und notiere dir auf einem Blatt Papier, bei welchen Vorhaben du dich immer wieder selbst versetzt. Notiere dir deine Ausreden.

2. Trainiere dein Bewusstsein darauf, in diesen Momenten aktiv zu werden. Wenn du merkst, dass du wieder nach einem Ausweg suchst oder doch zu der Tüte Chips greifen möchtest ziehe dich innerlich einen Moment zurück und übernimm aktiv die Verantwortung für das, was da gerade passieren könnte.

Das Geschenk des Universums an dich:

Mach dir bewusst, dass ganz allein du in diesem Moment entscheidest, ob du so handelst wie immer oder einen neuen Weg einschlägst, mit einer neuen Entscheidung für eine neue Zukunft. Je öfter du dieses Verhalten trainierst desto einfach wird die Umsetzung und du wirst unfassbar stolz auf dich sein. Das Erreichen deiner Ziele durch ein neu gewonnenes Durchhaltevermögen wird dir in diesem Fall deine Träume erfüllen.

Säule 4

Selbstliebe

- Liebe ich mich selbst?

- Behandle ich mich selbst, wie die große Liebe meines Lebens?

Negative Glaubenssätze:

- Ich bin wertlos

- Ich muss etwas leisten, um geliebt zu werden

- Nur Liebe im Außen kann mich glücklich machen

Positive Glaubenssätze:

- Ich liebe mich so, wie ich bin

- Ich bin der wertvollste Mensch in meinem Leben

- Ich bin Liebe

Aufgabe an dich:

1. Zu welcher Zeit des Tages bist du liebevoll zu dir selbst? Überlege dir gerne einmal, wie du dich in einer Partnerschaft verhalten würdest, wenn du deinen Partner aus tiefstem Herzen liebst. Würdest du ihn 16 Stunden zur Arbeit jagen? Würdest du ihm Fast Food auf den Teller legen? Würdest du ihn schon morgens früh mit den Worten begrüßen: Ach was für ein nerviger Tag. Ich habe keine Lust mit dir zusammen zu sein? Würdest du es toll finden, wenn er sich als erstes vor den TV setzt, wenn er nach Hause kommt, anstatt sich liebevoll mit dir zu unterhalten?

2. All diese Dinge kannst du nutzen, um eine liebevolle Beziehung zu dir selbst aufzubauen. Es sind in diesem Fall die kleinen Dinge, die zählen. Bevor du morgens im Bett den Griff zum Handy wagst, check doch erst einmal bei dir selbst ein, begrüße dich und schaue,

wie du dich fühlst. Bevor du zur Arbeit fährst, gönne dir einen kleinen Spaziergang.

Das Geschenk des Universums an dich:

Es gibt so viele Wege dir jeden Tag aufs Neue zu beweisen, wie sehr du dich liebst. Die Liebe ist das mächtigste energetische Feld, welches wir um uns herum aufbauen könne. Diese Energie wird ihresgleichen anziehen. Wenn du lernst, dich selbst zu lieben wird dich das Universum mit Liebe im Außen überfluten.